Michael Sorsche

UNSEREN TIEREN ZUHÖREN...

Aus der Praxis der Tierkinesiologie

ATLARIS Bücher

Haundorf

Vorbemerkungen des Verlages zu diesem Buch:
Die Absicht dieses Buches ist es, zu informieren und zu unterhalten. Der Autor und der Verlag können für keinerlei Verluste oder Schäden, die irgend jemandem direkt oder indirekt durch die in diesem Buch enthaltenen Informationen entstehen können, verantwortlich oder schadenersatzpflichtig gemacht werden.
Wer im Buch beschriebene Techniken und Übungen anwendet, tut dies in eigener Verantwortung. Autor und Verlag beabsichtigen nicht, Diagnosen zu stellen oder Therapieempfehlungen zu geben. Es wird darauf hingewiesen, dass viele der Vorgehensweisen nur unter fachkundiger Anleitung erfolgreich praktiziert werden können. Die Namen der Tiere und derer Halter wurden geändert.

Originalausgabe

Umwelthinweise:

Alle bedruckten Materialien dieses Taschenbuches sind chlorfrei und

umweltschonend.

Taschenbuchausgabe 11/2001
Copyright © by ATLARIS Bücher Julia Sorsche, Haundorf
http://www.atlaris.de
Umschlaggestaltung: ATLARIS Bücher Julia Sorsche unter Verwendung eines Fotos von Wolfgang Ulrich
Druck: Fucker druck & grafik, Gunzenhausen
1.Auflage 2000

ISBN 3-9808115-0-6

Inhaltsverzeichnis:

Voraberklärungen

Als ich den Buch-Entwurf ein paar Menschen zum Lesen gab, bekam ich die Anregung, einige wichtige Begriffe vorab zu klären. Ich kann sicher hier nicht die Aussprache des Wortes **Tierkinesiologie** erklären, am besten ist einfach: **TK**. Diese Abkürzung verwende ich auch im Laufe des Buches. **TK** steht also künftig für **Tierkinesiologie**.

Eine **Surrogatperson** ist eine Mittlerperson zwischen Tier und Tester. D.h. sie übermittelt energetische Impulse des Tieres an den Tester/Therapeuten. „Meinem Tier geht es schlecht!" ist sicher ein gutes Beispiel. Viele Halter sind oft oder gar ständig Surrogatpersonen in diesem Sinne für ihre Tiere und fühlen für ihr Tier, hören für ihr Tier und sehen oft sogar für ihr Tier. Jeder Mensch hat das Zeug dazu, Surrogatperson zu sein/werden.

Meridiane sind Energieleitbahnen im Körper. Sie wurden zwischenzeitlich wissenschaftlich nachgewiesen (radioaktive Tests) und werden z.B. in der Akupunktur behandelt. Wir arbeiten bei den Tieren mit Ur-Meridianen (die Leitbahnen der Ur-Energie) sowie den **12 Hauptmeridianen,** welche sind: Herz, Dünndarm, Blase, Niere, Kreislauf-Sexus, 3-fach-Erwärmer, Gallenblase, Leber, Lunge, Dickdarm, Magen sowie Milz-Pankreas.

Radiästhesie = Strahlenempfindlichkeit; Fähigkeit, physikalische Phänomene der Umwelt zu erspüren (von lat. Radius = Strahl; griech. Aisthesis = Wahrnehmung). Radiästhetische Hilfsmittel werden zum energetischen Test, zum Erspüren von Wasseradern, Energiegittern,

Erdstrahlen etc. eingesetzt. Anwendungsbeispiele: Rute, Pendel.

TCM steht im Text immer für Traditionelle Chinesische Medizin. In der TCM werden dem Körper 5 Elemente zugeordnet, nämlich Erde, Metall, Wasser, Holz und Feuer. Entsprechend werden den Elementen wieder Meridiane zugeordnet, z.b. bilden Niere und Blase das Wasser-Element. Bestimmte Emotionen, Umstände etc. werden ebenfalls den Elementen zugeordnet. Wasser steht in enger Verbindung mit der Emotion Angst. Das Element Holz mit der Wut, Aggression, etc.

Die **Farbtherapie** ist in der ganzheitlichen Betrachtung von Energie und Energiewellen unbestritten und zeigt gerade bei Tieren immer wieder verblüffende Ergebnisse. Auch und gerade in der Sterbebegleitung, wo der Wechsel vom grobstofflichen Körper hin zur feinstofflichen Energie vollzogen wird, ist der Einsatz von Farben unerlässlich. Mehr dazu beim Thema Sterbebegleitung.

Der **Alpha-Zustand** ist der, in den sich die Surrogatperson versetzt, um die Impulse des Tierbewusstseins empfangen und übertragen zu können. Der Alpha-Zustand im Rahmen der ESA wird in einem eigenen Kapitel zur rechten Zeit ausführlich erläutert werden.

Eine **Surrogatbalance** ist eine kinesiologische Balance über Surrogatperson. Balance heißt, dass sich der Klient (egal ob Tier oder Mensch) energetisch ausgleichen lernen soll und dies im Endeffekt auch schafft.
ESA = Emotionale Stressablösung. Eine Technik aus der Kinesiologie, bei der das Unterbewusstsein von

Stress und negativer Prägung befreit werden kann. Siehe hierzu zur rechten Zeit Kapitel ESA

Meridianausstreichen ist eine Technik, bei der man mit der Hand, dem Finger oder womit auch immer dem Meridianverlauf am Körper des Tieres folgt und somit den natürlichen Energiefluss unterstützt.

Kardinalpunkte sind spezielle Zugangspunkte zu den Meridianen. Sie liegen nah an der Oberfläche des Körpers und sind dadurch leicht zugänglich.

Ein **Medium** ist wörtlich übersetzt ein Mittler. Medien ist die Mehrzahl von Medium. Leider ist in unserer ‚Zivilisation' der Begriff Medium durch eine Reihe von Menschen, die sich Medium nannten, aber keine medialen Fähigkeiten zum Wohle der Menschen einsetzten, negativ behaftet. Ein Medium, das mediale Fähigkeiten besitzt und diese zum Wohle der Menschen einsetzt, ist nichts negatives.

Koppen ist eine krankhafte Angewohnheit von Pferden. Es entspricht in etwa dem menschlichen Rülpsen. Sie ziehen Luft in den Magen und lassen diese dann mit lauten Nebengeräuschen wieder heraus. Es wird von Surrogatpersonen als „vergleichbar mit einem Orgasmus" beschrieben, führt jedoch zu Blähungen bzw. Koliken und ist deshalb natürlich ungesund.

Shu-Punkte sind spezielle Meridianzustimmungspunkte, die entlang des Blasenmeridians am Rücken verlaufen. In der Akupunktur gelten sie als wichtige Punkte zur Behandlung chronischer Krankheiten, da sie direkt auf die Organe wirken. Wir verwenden die Shu-Zustimmungspunkte in der TK als Messinstrument. Mit der flachen Hand wird sensitiv eingeschaltet am Rücken entlang gefahren und erspürt, welcher Punkt Über- bzw. Unterenergie anzeigt.

Hunde-Rudel sind immer in Hierarchien eingeordnet. Der Rudelsführer ist der **Alpha-Hund.** Derjenige, der sozusagen an letzter Stelle steht (die Reste bekommt, wenn was übrig bleibt!) ist folglich der **Omega-Hund.**

In der Sterbebegleitung gehen wir von **6 Sterbephasen** aus. Diese bedeuten jeweils, dass sich die einzelnen Elemente (Erde, Wasser, Feuer, Luft, Äther) nacheinander ineinander auflösen bzw. ineinander übergehen. Vom Groben hin zum Feinen. Jeder Übergang eines Elements in ein anderes bedeutet eine **Sterbephase.** In der ersten **Sterbephase** sind noch alle Elemente gleich angeordnet, die Entscheidung zum Sterben ist jedoch bereits gefallen. Die letzte, **6. Sterbephase** ist die des Überganges in alles, in die Unendlichkeit, die **Nachtodphase.**

Geleitwort von Dr. Rosina Sonnenschmidt

Bücher, in denen die Herzenswärme und die Begeisterung für eine Sache, die weder nutzbringend, karrieretüchtig, noch egoheischend ist, sind sehr selten geworden. Um so mehr freut es mich, dass Michael Sorsche den Mut aufbringt, ein Licht des Herzens für Tiere in unsere technisierte und manipulierte Profitwelt zu senden. Er tut dies in einer Zeit, in der wir für ein paar Monate einmal der Tiere gedachten, die uns zur Nahrung dienen, besser, so geschädigt durch Menschenhand waren, dass sie getötet werden mussten, tausendfach, millionenfach. Und dies nur aus einem Grund: aus hysterischer Angst, dem Sinnbild der westlichen Schulmedizin. Das sinnlose Töten und Wegschauen vom eigentlichen Problem, nämlich der nicht artgerechten Haltung, hat uns allen ein Karma aufgeladen, das jeder einzelne in seinem Leben einst zu verantworten hat. Die ganzheitliche Tiermedizin ist weit fortgeschritten und wird demonstrativ von der Schulmedizin übersehen.

Das Energiefeld der Kühe rebellierte; unter sonderbaren Umständen rissen Kühe auf dem Weg zum Tötungsort auf, rannten davon, schwammen davon. Aber mehr noch: sie tauchten in Heilerzirkeln auf, dem Ort der eigenen Schulung von Heilungskräften. Sie wollten von uns Menschen ein Versprechen, nämlich, dass ein jeder von uns in seinem Leben verantwortungsvoll mit Tieren umgeht.

Als der Autor in der ersten Ausbildungsrunde der Tierkinesiologie war, sprachen wir einmal über die Möglichkeit, was passiert, wenn ein Bauer der Intensivviehwirtschaft Surrogatperson für seine Kühe oder Schweine ist. Aus eigener Erfahrung wusste ich, dass eine einzige Sitzung einen konventionellen Tierarzt oder Bauern zu einem Zusammenbruch führen kann. Wieso?

Eine sogenannte Surrogatperson übernimmt in der Tierkinesiologie die Funktion eines Übermittlers energetischer Impulse vom Tier zum Therapeuten. Sie transformiert diese Impulse in die menschliche Sprache, so dass wir auf diese Weise einen Zugang zum Tierbewusstsein gewinnen, der therapeutisch hochgradig wertvoll ist.

Die Tierkinesiologie habe ich zunächst einmal aus dem Grund entwickelt, eine genauere Diagnose und Auswahl von Heilungsimpulsen zu ermöglichen. Aber das Herzstück ist der energetische Dialog, den wir schlicht „Stressablösung" nennen. In dieser Phase erfahren wir persönliche Dinge vom Tier, über sein Selbstverständnis in Menschenhand und über den Tierhalter.

Ich habe Sitzungen mit erfahrenen Tierärzten erlebt, die am liebsten aufgesprungen und weggerannt wären, weil sie die Welt, in der sich das Tier unglücklich, wertlos und auf den Tod wartend empfand, unerträglich fanden. Das sind Situationen, in denen es schwer fällt, an Heilung zu glauben.

Aber wir haben in der Tierkinesiologie auch unfassbare Sitzungen erlebt, in denen das Tier im Rahmen der Haltungsmöglichkeiten gesund werden konnte und uns eine friedliche Innenwelt offenbarte.

Tierkinesiologische Sitzungen haben nichts mit Esoterik zu tun, sondern werden inzwischen von vielen Tierärzten in der täglichen Praxis eingesetzt – mit großem Gewinn, da Tier und Halter als systemische Einheit behandelt werden können. Der unschätzbare Vorteil ist, dass gerade in chronischen Krankheitsfällen der Halter mitbehandelt werden kann, ohne im eigentlichen Sinne behandelt zu werden, also mit Medikamenten. Wir betrachten die Tierhaltung als „Systemisches Feld", in dem Mensch und Tier etwas miteinander zu tun haben und das Tier sehr oft für menschliche, emotionale Bedürfnisse steht.

Ich habe in Amerika etliche sogenannte „Animal Critters" kennen gelernt, die mit Tieren mentalen Kontakt aufnehmen. Es gibt unter ihnen seriöse und ein Heer von Unseriösen, die den Tierhalter am Telefon beraten, entlaufende Tiere anbeamen oder mit verstorbenen Tieren sprechen. Dahinter wird ganz deutlich die emotionale Beziehung Mensch-Tier und deren Bedürfnisse. Die amerikanische Art, mit Tieren zu sprechen, möchte ich unbedingt würdigen, aber sie lässt sich nicht auf europäische Verhältnisse übertragen, weil sie viel mit Glauben zu tun hat, nicht mit Überprüfbarkeit der Qualität. Ich selbst entstamme der englischen Medialschulung, in der es sehr wohl um die Überprüfbarkeit der eigenen sensitiven und medialen Wahrnehmung geht. Auf dieser Basis habe ich auch die Tierkinesiologie aufgebaut, die in der professionellen Tiertherapie jeder Prüfung und Überprüfung standhält.

Auf diesem kurz umrissenen Hintergrund möchte ich die Tiergespräche verstanden wissen, in die uns Michael Sorsche auf einfühlsame und warmherzige Weise einführt. Es ist ein spannendes Lesebuch, das uns die Tierwelt eröffnet und uns zum Nachdenken anregt und es uns erlaubt, ein für alle Mal das Tier als Descart'schen Automaten aufzugeben. Wir kommen nicht umhin, unser Verhältnis zum Reich der Tiere neu zu überdenken und vor allem, neue Wege der Haltung zu finden. Ohne erhobenen Zeigefinger tut dies der Autor, indem er mit dem Herzen spricht.

Ich möchte diesem Buch von Herzen das Geleit in eine neue Zukunft der Tierhaltung und Tierachtung geben und vertraue dem alten indianischen Wort:

Was wir den Tieren antun, tun wir uns an,
Was wir Gutes den Tieren tun, wirkt heilend auf uns.

Vorwort des Autors

„Unseren Tieren zuhören" hat 2 Hintergründe. Der erste Hintergrund ist der, dass ich die Tierkinesiologie (TK) für jedermann vorstellen möchte. Ich habe dies bewusst so getan, dass sich Fallbeispiele aus (nicht nur) meiner Praxis mit Theorie über die TK ergänzen. Sicher, einige Erläuterungen über die Techniken bzw. die Hintergründe klingen auf den ersten Blick schwierig und unverständlich. Jedoch sollten Sie, lieber Leser, sich diese Buch so aufteilen, wie Sie es möchten. Wenn Sie eher der sachliche Mensch sind, empfiehlt sich die Reihenfolge wie das Buch aufgebaut ist. Dann erhalten Sie Vorinformationen über die TK und ihre theoretischen Hintergründe und können darauf aufbauend in Ruhe die Erfahrungsberichte genießen.

Wenn Sie als Mensch aber lieber erst mal Anwendungen sehen/lesen/erleben, um anhand dessen die Theorie besser zu verstehen, empfehle ich Ihnen, mit dem Erfahrungsbericht Eddy zu beginnen und danach zur vorgegebenen Reihenfolge des Buches übergehen.

Es gibt aber wie erwähnt einen weiteren, mir persönlich viel wichtigeren Hintergrund für „Unseren Tieren zuhören". Dieses Buch ist für jeden Tierhalter gedacht, der bereit ist, seine Einstellung zu seinen Mitgeschöpfen kritisch zu betrachten und eventuell, selbst wenn es unbequem werden kann, zu ändern.

Es soll **Ihnen** zeigen, welch wunderbares und Respekts würdiges Potential in unseren Lieblingen steckt und wie sich **Ihr(e)** Tier(e) **und Sie** im Wechsel von gegenseitiger Hilfe und Liebe, Emotionen und Bedürfnissen beeinflussen. Wenn **nur ein Tierhalter** sein Tier nach dem Lesen dieses Buches anders betrachtet und respektvoller mit ihm umgeht, ist mein Ziel erreicht. Sicher dürfen es aber gerne mehrere sein.

Einleitung

Seit meinem vierten Lebensjahr wollte ich Tierarzt werden. Meine Familie wunderte sich über meine Hartnäckigkeit und Zielstrebigkeit. Denn schon in diesem Alter war ich fest davon überzeugt, Tieren helfen zu wollen. So war dies mein ursprünglichster Wunsch überhaupt! Ich konnte mir beruflich **nie** etwas anderes vorstellen. Seit jeher immer in Kontakt mit Tieren - ich hielt, züchtete und beobachtete mit Leidenschaft Vögel – ,bekam' ich im Alter von 14 Jahren eine Allergie gegen (schulmedizinisch: „wahrscheinlich") Federnstaub. Die Ärzte machten mir klar, dass ich den Tierarzt als Beruf vergessen konnte und so stand ich damals perspektivisch vor dem Nichts. Ein paar Jahre später jedoch wurde mir eine kinesiologisch arbeitende Krankengymnastin bekannt, der ich mich anvertraute und die mich schon alleine dadurch beeindruckte, dass sie durch ,irgendwelche Muskeltests' **feststellen** konnte, dass ich **tatsächlich** gegen Federnstaub und noch ein paar andere Stoffe allergisch war. Sie schaffte es jedoch, die **wirklich allergieauslösende** Ursache bei mir zu finden und sie mir bewusst zu machen. Daraufhin half sie mir, die entsprechenden Blockaden abzubauen. Bzw. lag die Arbeit bei mir, die Gesundung liegt – und zwar ausschließlich - bei einem selbst. Wir sind uns dessen nur seltenst bewusst. In Folge dessen verschwand die Allergie (schulmedizinisch: „wahrscheinlich") vollständig. Da es aber keine Zufälle im

Leben gibt und auch diese schlimme Erfahrung[1] seinen Zweck hatte, sollte ich doch noch die Möglichkeit bekommen, mit Tieren zu arbeiten. Eine damals an meine Frau Julia gerichtete Einladung zu einem ‚Workshop Tierkinesiologie' bei Dr. Rosina Sonnenschmidt gab meinem Schicksal dann weiter seinen Lauf! So wurde ich selbst ein Teil der ersten Ausbildungsriege zu Tierkinesiologen nach dem Wings®-Konzept und das hat mein Leben grundlegend verändert. In dieser Ausbildung konnten wir vor allem über uns selbst viel **erfahren,** lernen, unsere Einstellung zu den Tieren, aber natürlich ebenfalls zu den Mitmenschen und Pflanzen neu auszurichten sowie uns selbst neu sehen, mehr Respekt vor der **gesamten Schöpfung und ihrer Vernetzung** zu haben. Vor allem aber **stressfrei** auf viele Themen zuzugehen. Dies wurde u.a. durch viele Emotionale Stressablösungen (ESA) auf allerlei (Lebens-) Themen möglich.

ESA - diese Abkürzung wird uns das ganze Buch über begleiten. Denn das wunderbarste und kostbarste Werkzeug der Tierkinesiologen nach Wings® ist die ESA bei Tieren. Die ESA, auf die ich nach der ersten Erfahrungsbeschreibung näher eingehen möchte, ist eine Methode, welche normalerweise nicht grundsätzlich immer und ohne großes Zögern angewendet wird. Denn die ESA kann ein kraftvoller

---

[1] Natürlich die Erfahrung, dass ich das Gymnasium hinschmiss (wofür auch?) und irgendeinen kaufmännischen Weg einschlug, um halt irgendetwas zu tun! Dann, nach dieser Entscheidung, auf

Impuls für den Heilungsprozess sein und sollte deshalb nur zu therapeutischen Zwecken eingesetzt werden – nicht zur Befriedigung von Neugierde.

Es ist meist sehr schwer, ‚gute' Surrogatpersonen zu erhalten. Denn viele Menschen sind nicht in der Lage, ihre emotionale Kommunikationsschaltstelle, den Solar-Plexus, zu kontrollieren bzw. zu schützen. Und Sinn und Zweck der ESA ist es, einem Tier unterstützend zur Seite zu stehen. Von der Situation des Stresses hin zum stressfreien Gefühl; und von der scheinbar fehlenden Wahl zurück zur Entscheidungsfreiheit bzw. zum Punkt, die Wahl zu haben. Kann eine Surrogatperson ihre eigene emotionale Energie nicht schützen[2], so kann sie kein guter Überträger für Impulse des Tieres sein. Außerdem ist es nicht Sinn der Tierkinesiologie nach Wings®-Konzept (infolge TK abgekürzt), das Tier zu stärken, indem es dem Menschen (Surrogatperson und/oder Tester) dessen Energie abzieht. Vielmehr soll das Tier die eigenen Potentiale stärken und sich derer bewusster werden.

In der Arbeit mit den Tieren erlebten wir sehr viel wunderbares, und nicht wenige Tiere **brachten uns bei, an uns und unserer Einstellung** zu ihnen zu arbeiten. Informationen wie „Frag dich selbst" oder „Warum soll ich

---

einmal: Du kannst doch wieder mit Tieren arbeiten! „Toll," denkt man da! „ausgeschmiert!".
[2] Eine entsprechende Übung zum Schutz dieser Energie finden Sie am Ende des Buches.

immer der sein, der falsch ist?" zeigten, wie groß die Rolle des Halters bzw. weiterer Bezugspersonen oder gar anderer Mit-Tiere bei der Gesund-Erhaltung bzw. dem Heilungsprozess für das Tier ist. Sicher fragen Sie sich, was ich damit meine. ‚Wir bekamen die Informationen vom Tier.' Wie bitte? Wie kann das sein?

Die Möglichkeit, mit den Tieren auf eine wunderbare Art und Weise zu kommunizieren ist so einfach und so faszinierend, dass sie schon bei vielen Menschen das Glaubens-System ‚Tier' aus den Fugen geworfen hat. Und so mancher brachte aufgrund der bei ihm/ihr geflossenen Tränen nur Unverständnis darüber zu Tage, warum wir sonst nicht in der Lage sind (bzw. nicht wissen, wie wir das tun könnten), durch die Augen unserer Tiere zu sehen.

Aber lesen Sie selbst!!! Lesen Sie die nachfolgenden Seiten nicht nur mit der Intelligenz eines Menschen, sondern auch und gerade mit Ihrer Intuition. Ich bitte Sie: Lesen Sie dieses Buch ganz in Ruhe und **fühlen Sie den Inhalt.** Vieles wird Ihnen unglaublich vorkommen, einfach nicht nachvollziehbar - zumindest nicht intellektuell - bzw. nicht mit unseren vorherrschenden Glaubens-Systemen (z.B. „Tiere können nicht denken" oder „Tiere sind nur zur Unterhaltung da") vereinbar. Aber wenn man **einfach denkt,** und weiß, dass das Wort „animal" (engl.: Tier) be-seelt[3] bedeutet, sollte man diese Lebewesen schon anders betrachten.

---

[3] lat. Anima = Seele => animal = beseelt; creatura = Geschöpf

Und jeder, der mir schon einmal als ‚Surrogatperson' zur Verfügung stand, sieht zumindest Haustiere seither aus einer anderen Perspektive. Jedem Menschen sollte spätestens durch nachfolgende Erklärungen und geschilderte **Erlebnisse** klar werden, dass wir nicht die einzigen Geschöpfe sind, die fühlen, die mit dem Stress der Umgebung – ACHTUNG: Die Umgebung der Tiere sind in erster Linie wir Halter – nicht zurecht kommen, beachtet und respektiert werden wollen bzw. auf deren Bedürfnisse eingegangen werden **muss**.

Ich wünsche Ihnen viel Spaß und Erkenntnis.

Kinesiologie

Bevor ich Ihnen als erstes meine Erfahrung mit der Dobermann-Hündin Karla schildere, möchte ich kurz auf die Kinesiologie im allgemeinen eingehen.

Die Kinesiologie fokussiert auf die Selbstheilungskräfte und hilft dem Klienten, wieder ins Gleichgewicht zu kommen. Sie ist eine sanfte, ganzheitliche Methode mit körpereigenem Rückmeldesystem, dem Muskeltest. Der Muskeltest ist das Messinstrument für blockierte und fließende Energie und er gilt als Momentaufnahme des aktuellen Energiestatus. Daraus können Schlüsse gezogen werden, wo der Klient eine Stärkung braucht, um das Energiegleichgewicht wieder herzustellen. Resultat daraus ist, dass das System die Symptome verschiedener Art auflösen kann. Anhand des Muskeltests können energetische Zustände im System eines Individuums festgestellt und die damit zusammenhängenden (Energie-) Blockaden gefunden und behoben werden. Der oben angesprochene Muskeltest wird hierzu an verschiedenen Muskeln, die jeweils verschiedenen Meridianen (=Energieleitbahnen im Körper) zugeteilt sind, eingesetzt. Daraus entsteht dann ein sogenanntes Stressdiagramm, welches dem Tier-/Kinesiologen Einblick in den energetischen Zustand des Klienten/Tieres gibt. Aufgrund erlernter Kenntnisse der Über- und Unterenergien bzw. des Zusammenhanges dieser Zustände kann mit Hilfe des Wissens und der Erfahrungen aus der Traditionellen Chinesischen Medizin (TCM) ein weiterer Ansatzpunkt für Hilfen gegeben werden. Der Tierkinesiologe testet zum Beispiel Stressebenen aus und erstellt so eine ganzheitliche Systemdiagnose. Ziel der Kinesiologie ist die Rückgewinnung der Eigenautorität bzw. Eigenverantwortung des Klienten. Die Verantwortung für die Gesundheit liegt immer beim Klienten, der Kinesiologe begleitet und unterstützt mit seinem (kinesiologischen) Wissen. Die Kinesiologie behandelt weder Symptome noch Krankheiten. Wer mehr über die Kinesiologie/Tierkinesiologie in Theorie sowie entsprechende Techniken wissen möchte, findet hierzu einige Buchempfehlungen im Anhang.

Ganzheitliches Denken

Ein **sehr wichtiger Faktor** in der Tierkinesiologie ist das ganzheitliche Denken. Ohne ganzheitliches Denken oder den Ansatz dazu ist es sehr schwer, die Ergebnisse des Tests bzw. den energetischen Test selbst zu verstehen bzw. entsprechende Konsequenzen (Veränderungen in Umfeld, Ernährung etc.) zu ziehen.

Ganzheitliches Denken ist die Betrachtung eines (erkrankten) Individuums als Ganzes. Die Allopathie (Symptombehandlung) beschränkt sich darauf, ein auftretendes Symptom zu behandeln, indem es bekämpft bzw. unterdrückt wird. Beispiel: Ein Hautekzem wird durch das Auftragen von Salben behandelt und somit ausgelöscht. Sicher, im ersten Moment wollen wir ja genau dies, oder? Ganzheitlich gesehen bedeutet es jedoch, dass dem Körper (als Ganzes), der an eben dieser Hautstelle ein Problem anzeigt, sein **Zeichen** genommen bzw. es als solches ignoriert wird. Die **Ursache** ist hiermit nämlich oft nicht behoben! In der ganzheitlichen Betrachtung wird aber immer das **gesamte Bio-System** des jeweiligen Individuums betrachtet. Sein Signal (im Beispiel = Hautekzem) wird als Ausdruck des Körpers erkannt, welches anzeigt, dass irgendwo im gesamten Organismus etwas nicht in Ordnung ist, das eigene Immunsystem nicht mehr stark genug ist. Die TK sucht nach Ursachen hierfür einerseits im energetischen Bereich (Blockaden im Energiefluss), ferner im psychischen

Bereich (Stress, Disharmonien, Traumata etc.) sowie auf der Körperebene (Ernährung, Stoffwechsel, Haltungsbedingungen etc.). Oft haben Krankheitsbilder ihre Ursachen auf mehreren Ebenen gleichzeitig oder gar all diesen Bereichen, also psychisch, physisch und/oder emotional. Dies trifft natürlich nicht unbedingt bei Krankheits- und Verletzungsmustern nach Unfällen o.ä. zu. In der TK werden diese Möglichkeiten ausführlich getestet und als eventuelle Krankheitsursachen in Betracht gezogen. Das Tier wird dann **auf allen erforderlichen Ebenen** durch den Halter selbst behandelt. Dies ist ein **wichtiger Faktor im Heilungsprozess.** Oft ist es natürlich erst einmal notwendig, ‚nur' das Symptom zu behandeln. Um jedoch eine (optimale) Heilung zu erreichen, sollte der Heilungsprozess parallel dazu eben ganzheitlich unterstützt bzw. in Gang gesetzt werden. Aus diesem Grund ist es in den meisten Fällen so wichtig, einen **parallelen** Einsatz von Schulmedizin und Tierkinesiologie anzustreben. So blickte mich eine Halterin vor kurzem völlig ungläubig an, als ich sie bat, mit ihrem Hund parallel den Tierarzt aufzusuchen. Ich wollte einfach sicher gehen, dass nichts übersehen wird - komplexes Krankheitsbild und stark fortgeschrittene Symptome - und eine schulmedizinische Diagnose war mir wichtig. Durch die genauen Ergebnisse des labortechnischen Haut- und Bluttests konnten wir den ganzheitlich optimalen Heilungsimpuls in Verbindung mit dem Tierarzt wählen - und somit dem Tier **optimal** helfen!

Ganzheitliches Denken bedeutet in der TK ebenfalls, dass das Umfeld des Tieres betrachtet werden muss, denn Tier und Halter bzw. weitere Tiere im Haushalt bilden ein gesamtes System.

Es ist durchaus möglich, dass das Tier die Krankheit bzw. den Stress des Halters widerspiegelt, sei es, dass es dem Halter Blockaden ,abnimmt' oder einfach mitleidet. Oft ist es gar möglich, dass der Halter das Krankheitsbild verursacht, indem er - meist unbewusst - für entsprechende Blockaden sorgt. Hierzu aber später die Erfahrungsberichte.

Die ganzheitliche Behandlung ergibt meist einen weiteren schönen Effekt. Mancher Halter spricht nach einer erfolgreich abgeschlossenen Behandlung davon, dass das Tier jetzt entspannter, ausgeglichener, fröhlicher, lebenslustiger oder einfach „wieder wie früher" ist - wo wir doch „nur" den Durchfall, die Kolik, die Hautekzeme o.ä. behandelt haben! Nein, nicht die Krankheit wurde behandelt, sondern ein erkranktes Tier.

Weiter ist ganz wichtig im ganzheitlichen Denken: Wenn ein Bio-System energetisch ausgetestet wird, braucht man dazu nicht das gesamte System vor Ort. Es ist statt dessen möglich, das Tier **über einen Teil des Ganzen** auszutesten. Die Information des Ganzen steckt naturbedingt in jedem einzelnen Teil, d.h. man benötigt nur eben einen Teil, um eine Information des Ganzen zu erhalten. Das Labor untersucht ja auch nicht das gesamte Blut, sondern es entnimmt etwas davon, um das Ganze zu analysieren.

Deshalb benötigen wir Tierkinesiologen zum energetischen Test lediglich ein paar Haare oder eine Blutprobe oder ähnliches plus eine nicht zu alte Fotografie als Teil des Ganzen. Anhand dieses sogenannten ‚Surrogats' wird der eigentliche Test durchgeführt. Viele Tierhalter haben damit ein Problem - es passt nicht in unser Glaubenssystem, „dass ich nicht hin muss" zu dem Tierkinesiologen. „Wie will er denn etwas über das Tier sagen, wenn er's doch noch nicht einmal gesehen hat!" Hierzu möchte ich sagen, dass es mir persönlich so oft leichter fällt, neutral zu testen, bevor meine Augen dem Gehirn schon irgendeinen Vorschlag machen, weil ich das Ausmaß der Erkrankung vor mir sehe! Sicher, ich möchte gerne immer eine kurze Vorgeschichte wissen - aber rein, um den schulmedizinischen Befund zu haben und um einen Denkanstoss zu bekommen, wenn mich das Stressdiagramm nicht sofort weiterbringt.

Das Stressdiagramm

Ich möchte an dieser Stelle kurz anhand eines Beispiels dieses unverzichtbare weil sehr aussagekräftige Schaubild der tierkinesiologischen Arbeit vorstellen. Ein Stressdiagramm wird anhand der Meridianuhr -Abb.- aufgezeichnet. Diese Meridianuhr zeigt den natürlichen Energieablauf jedes Individuums in den 12 Hauptmeridianen[4] an. 12h mittags zum

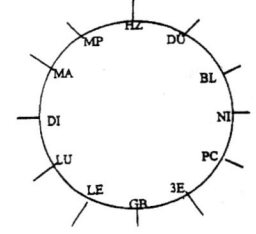

Beispiel ist die Herz-Energie grundsätzlich am 'stärksten', die gegenüberliegende Gallenblasen-Energie am 'schwächsten'. Jedes Organ hat für 2 Stunden sein 'Tageshoch' an Energie, das im Diagramm entsprechend gegenüberliegende das sogenannte 'Tagestief'. Energetisch wohlgemerkt. Dies bedeutet, dass unsere Lebensenergie, die ja ständig aktiv im Körper fließt, dem körperlichen Bedarf entsprechend fluktuiert (hängt mit dem Tagesrhythmus zusammen). Jedes Organ wird dann, wenn es in der Regel am meisten Energie braucht, entsprechend mit dem Tageshoch versorgt. Am Beispiel Herz ist dies eben 12h mittags, entsprechend Gallenblase 12h nachts. Dass jedes Individuum seiner Zeit angepasst ist – es gilt die jeweilige Ortszeit – ist natürlich. Und wie lässt sich dies besser belegen als durch die spürbaren

---

[4] Im Uhrzeigersinn bei „12h" (HZ) beginnend: Herz, Dünndarm, Blase, Niere, Kreislauf-Sexus, 3-fach-Erwärmer, Gallenblase, Leber, Lunge, Dickdarm, Magen sowie Milz-Pankreas.

Rhythmusstörungen durch die Zeitumstellung, bzw. Umstellung des Tagesablaufes nach einem Interkontinental-Flug. Diesen körperlichen Umschwung erleben viele heftig und stark fühlbar und sind lange ‚ausgepowert'.

Normalerweise sollte - zeitlich unabhängig - beim energetischen Test jeder Meridian ‚nichts' anzeigen. Bislang habe ich jedoch noch kein Individuum getestet, bei dem dies der Fall war. Doch bis zu 2 abschaltenden Meridianen ist das völlig in Ordnung. Wir erkennen dies beim Test, in dem der Muskel nachgibt, sozusagen ‚schwach testet' oder radiästhetische[5] Mittel Über- bzw. Unterenergie anzeigen. Bei 3 abgeschalteten Meridianen liegt in der Regel ein emotionales Problem als Ursache für ein Krankheitsbild vor. Jeder weitere abgeschaltete Meridian weist auf eine körperliche Beschwerde bzw. auf physische Schwäche hin. Das Beispiel von Karla zeigt dem Tierkinesiologen den emotionalen Stress, den der Hund hat (Abb. - siehe dazu Erfahrungsbericht Karla). Sollten mehr als 5 Meridiane ‚abschalten', werden erst einmal die Sterbephasen (siehe Kapitel Sterbebegleitung) getestet. Es wurde dann bereits ein akuter Energie-Zustand erreicht, welcher das System eventuell als ‚unheilbar' anzeigt. Natürlich kommt es hier ferner darauf an, wie alt ein Tier ist, welche Umstände sich bieten bzw. welche Symptome

---

[5] Radiästhesie = Strahlenempfänglichkeit, Fähigkeit, physikalische Phänomene der Umwelt zu erspüren (von lat. radius = Strahl; griech. Aisthesis = Wahrnehmung). Radiästhetische Hilfsmittel werden zum

vorliegen. Außerdem sollte die Meinung des Tierarztes erfragt werden, was ich meistens tue. Hat man wie im abgebildeten Stressbild ersichtlich verschiedene Unter- und Überenergien, findet man leicht die sogenannte Ursachenunterenergie als die im Uhrzeigersinn der Überenergie nachfolgenden Unterenergie. Beispiel: Karla - Niere! Dieser gilt nun das Hauptaugenmerk und sie dient dem Tierkinesiologen als Testgrundlage für den optimalen Heilungsimpuls. Aus ihr ersehen wir das Element entsprechend der Traditionellen Chinesischen Medizin, in

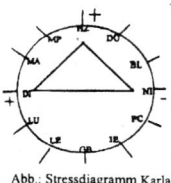

Abb.: Stressdiagramm Karla beim Nachtest

welchem sich der Heil-Ansatz finden lässt bzw. welches auf die Ursache für die Erkrankung oder den Stress hinweist. Auch anhand der anderen betroffenen Meridiane können wir etwas über den Verlauf der Krankheit bzw. über weitere Ursachen für die Symptome erkennen.

Wir unterscheiden noch nach Ebenen, auf denen die Unter-/Überenergie herrscht. Hier wird nach physischer (p), emotionaler (e) sowie mentaler (m) Ebene unterschieden. Dies ist für mich sehr wichtig für den weiteren Testverlauf, denn im Laufe der Zeit habe ich immer versucht, den Test so kurz und effektiv wie möglich zu gestalten. Sicher - manchmal sind diese Ziele nicht erreichbar, weil eben jedes Individuum bei gleichen Symptomen eventuell einen ganz anderen

---

energetischen Test, zum Erspüren von Wasseradern, Energiegittern, Erdstrahlen etc. eingesetzt. Anwendungsbeispiele: Pendel, Rute.

Heilungsimpuls benötigt und man nicht automatisch von einem auf andere schließen kann. Ist z.b. die Leber angezeigt mit Unterenergie, so testen wir noch nach p, e bzw. m. Erhalte ich ein klares p und kein e bzw. m, so teste ich in der Folge meist noch nach leberunterstützenden bzw. -entgiftenden Mitteln bzw. danach, was die Leber auf der Körperebene unterstützen könnte (Beispiel Minni -> Niere -> Birke). Sollte jedoch emotional und/oder mental anzeigen, so muss der Test auf der entsprechenden Ebene in die Tiefe gehen. Um das Beispiel aufzunehmen: Die Leber bildet gemeinsam mit der Gallenblase (steht für die Entscheidung) das Holzelement und steht gemäss der Traditionellen Chinesischen Medizin für Planung. Ferner besteht die Verbindung zu den Emotionen Aggression und Wut[6]. Eine ‚blockierte Leber' steht oft für verschluckte Wut. Die positive Affirmation für den Klienten ist folglich z.B. „Ich darf aggressiv sein" bzw. „Ich tue...". Natürlich ist hier nicht gemeint, dass ein Lebewesen zu einer aggressiven Handlung animiert wird bzw. werden soll. Es kann lediglich lernen können, mit der Aggression ebenso (kontrolliert?) umzugehen, wie mit allen anderen Gefühlen und Empfindungen. Nur dann kann eine Zentrierung, ein energetisches Gleichgewicht geschaffen werden. Ein jeder weiß, dass die meisten Gewalttaten ein Resultat aufgestauter Aggressionen sind, die sich irgendwann ein Ablassventil

---

[6] Jeder kennt das Sprichwort: „Dir ist wohl eine Laus über die Leber gelaufen?!"

suchen. Hat man aber gelernt, **mit der Aggression umzugehen** und Stress abzubauen, so denke ich, ist das mehr als nur eine Alternative. Soviel dazu, kommen wir zurück zum Stressdiagramm.

Auf diese Art und Weise kann das Stressbild dem Tierkinesiologen helfen, einen leichteren Einstieg in den Test für Heilsubstanzen oder -maßnahmen zu finden. Aber um Missverständnisse zu vermeiden: Ein Erst-Test bei Durchfall-Patienten heißt nicht automatisch, dass der Dickdarmmeridian auf physischer Ebene Energie-Blockaden anzeigen muss. Ferner kann es zeigen, dass das Tier z.b. eine viel wichtigere bzw. verursachende Blockade in einem ganz anderen energetischen Bereich hat, an welcher zuerst gearbeitet werden sollte. Dies heißt aber nicht, dass wir keinen Hilfsstoff o.ä. zur Unterstützung des betroffenen Organs (Beispiel Durchfall - Dickdarm) testen. Meine Erfahrung zeigt mir, dass meist erst einmal ganz andere Meridiane Beachtung brauchen bzw. beachtet werden sollten, bevor dann die symptomatische Schwäche (Beispiel: Durchfall) meist durch unterstützende Gabe von phytotherapeutischen Mitteln (=Heilpflanzen) schnell und einfach behoben werden kann, **nachdem** eben die mentalen bzw. emotionalen Blockaden behoben wurden oder parallel dazu. Denn gemäss ganzheitlichem Denken kann der Durchfall lediglich das Zeichen des Körpers dafür sein, dass gewisse Impulse gesendet werden müssen, **damit sich das System gesamt selbst heilen kann.**

Es ist aber nicht Ziel dieses Buches, hier näher drauf einzugehen, weshalb wir zur ersten Erfahrungsbericht übergehen. Ich möchte Ihnen den Hund Karla vorstellen. Der Test und alle Ergebnisse bzw. die angewandten Heilungsimpulse zeigen als Einstieg gut auf, was wir in der Tierkinesiologie alles testen, welche Möglichkeiten wir besitzen bzw. wie sie wirken können. Im Laufe der Beschreibung wird das Wort ESA (emotionale Stressablösung) fallen. Nehmen Sie es als emotionale Stressablösung im wahrsten Sinne des Wortes erst mal an. Hierzu folgt im Anschluss mehr.

Erfahrungsbericht Karla

Die Hündin Karla ist eine ganz besondere Dobermann-Hündin. Sie war zum Zeitpunkt des Tests ca. 5 Jahre alt. Als Welpe von wenigen Monaten wurde sie bereits wegen Gebärmutterkrebs sterilisiert. Die Halter Irina und Bernd, gute Bekannte von uns, besitzen mehrere Tiere, diverse Pferde und 2 Hunde. Irina ist begeisterte Anhängerin der Homöopathie. Sie ist selbst seit Jahren bei einer Homöopathin in Behandlung. Dieser schilderte sie einst, dass ihre Tiere psychische Probleme hätten und da sie eine ,gute Surrogatperson' für ihre Vierbeiner zu sein schien (sie konnte die Probleme, Symptome etc. sehr gut beschreiben), bekam sie für jedes Tier je ein homöopathisches Mittel verschrieben.

Karlas Problem lag darin, dass sie kurz gesagt sehr unausgeglichen war. Sie war eine Mischung aus Ängstlichkeit und absolut mutigem Hund, dies mit dobermann-typischer, ständiger Unruhe und Aufmerksamkeit.

Als mir Bernd von dem Problem erzählte, erläuterte ich ihm die TK und die Möglichkeiten unserer Test- und Entstressungsmethoden, obwohl meine Ausbildung zum damaligen Zeitpunkt noch nicht abgeschlossen war. Er war sofort interessiert und wollte mit Irina darüber sprechen. Einige Zeit später war ich zu Besuch bei den Beiden und wir redeten wieder über dieses Thema. Als noch Susi und Stefan

(Irinas Schwester mit Freund, beide Pferdebesitzer) kamen, war ein langes und aufschlussreiches Gespräch zu Gange.

Irina hatte sich für den Test entschlossen und schilderte nun genau, welches Verhalten Karla an den Tag legte. „Wenn ich die Terrassentüre öffne, schießt sie wie wild auf das Ende des Zaunes zu und kläfft erst mal scheinbar ohne Grund laut herum." Nach einigen genaueren Ausführungen endete sie mit dem Satz: „Sie ist eigentlich oft sehr ängstlich und versteckt sich gerne". Außerdem habe sie hin und wieder Durchfall. Die letzte homöopathische Behandlung lag einige Monate zurück, so dass sie mich mit Haaren und einem Foto versorgte und ich machte mich an die Arbeit.

Der erste energetische Test:

Im Februar 1998 testete ich Karla energetisch erstmals zuhause über Surrogat, Haare und Foto. Das Stressdiagramm zeigte ganz deutlich einen emotionalen Stress mit Ursachenunterenergie Dickdarm. Weiter angezeigt wurde Lunge, d.h. **ein ganzes Element** stressbefangen, da Lunge und Dickdarm gemäß TCM das Element Metall bilden. Folglich haben wir hier gemäss der Meridianuhr 4 Std. Energieblockade

Abb.: Stressdiagramm Karla
Beim ersten Test im Feb. 1998

am Stück. Als ersten Behandlungsplan ergab sich folgendes: Karla sollte mit der Bach-Blüte Pine 10 Tage lang versorgt werden. Pine, Gewinnung von Selbstachtung, Erkennen der

Existenzberechtigung (!). Nach dieser Gabe und einer kleinen Pause war die Blütenessenz Impatiens dran. Finden von Geduld und innerer Ruhe ist das Ziel dieser Blütenessenz. Ich möchte hier anfügen, dass ich keinesfalls das Buch herausnehme und sage: Das könnte jetzt das richtige sein, geben wir mal dies! Bach-Blüten teste ich lediglich nach Nummern und die weiß ich immer noch nicht auswendig, weil ich mir gar nicht die Mühe mache, sie mir zu merken! Mein Unterbewusstsein kennt die Zuordnung, das genügt für den Test! Ferner hätte ich bewusst niemals Pine gegeben, wäre zum damaligen Zeitpunkt nie darauf gekommen, dass das Finden von Selbstachtung und Existenzberechtigung für so einen temperamentvollen, scheinbar selbstbewussten Hund ein Thema ist! Aber - es wird sich noch zeigen, wie wichtig das war! Zur aktuellen Darmberuhigung sollte erst mal Kamillentee ins Futter gegeben werden. Homöopathisch kam keine Gabe heraus, ferner sollte jedoch eine Farbtherapie Anwendung finden. Der Nacken sollte rote Farbe bekommen, entweder durch eine Farbbestrahlung oder ein Tuch oder ähnliches. Weiter ergab der Test, dass die Futter**menge** zwar optimal ist, die Zusammensetzung jedoch zuviel Eiweiß enthält und zuwenig Vitamine. Zu diesem Zeitpunkt war mir noch nicht ganz klar, dass dies eine wichtigere Bedeutung für Karla haben könnte. Als letztes sollten noch **Massagen** durchgeführt werden. Nicht das *wie* war hier entscheidend, nur mehr feste Berührung war für Karla wichtig. Sie musste spüren, dass sie gerne angefasst wird, brauchte dies zur Bestätigung.

Zwei Tage später führten wir eine Entstressung durch. Als Surrogatperson fungierte hier meine Frau Julia, die bis dato noch nicht viel von Karla mitbekommen hatte, von meinen Testergebnissen informiere ich sie sowieso kaum. Sie war bereit, Zeitpunkt und Ort waren für alle in Ordnung, Julia ging mit Karla auf Alpha.

Da erst mal überhaupt nichts ‚rüberkam' und Julia nichts sehen/hören/riechen/fühlen konnte, fragte ich - gezielt an Karla folgendes: „Was sagt dir Toleranz?" Wir befinden uns ja im Metallelement (Dickdarm/Lunge), Toleranz ist hier ein großes Thema. Es kam nichts. Aber, Dickdarm steht für Selbstbewusstsein. „Wie steht's mit Deinem Selbstbewusstsein? Sag' mal: Ich bin es wert, geliebt zu werden!" - Karla: „Schwer, wieso auch? Ich bin doch nur ein Hund! Ich muss bellen, muss zeigen, dass ich's bin!" Wir hatten also Karla. Nach dem zweiten Hund der Familie, einer jungen Doggen-Hündin gefragt, spürte Karla Neutralität. Andere Hunde erscheinen ihr jedoch stets in schwarz, was bei ihr für Aggression steht. Sie war in der Vergangenheit des öfteren unterworfen worden, was sie absolut nicht akzeptieren kann. „Ich bin ja eigentlich die Stärkere, ich bin ein Dobermann! Das erwartet man von mir!" Jetzt sprach ich sie nochmals auf Toleranz an und siehe da: Sie merkte, dass sie **sich selbst gegenüber** nicht tolerant ist! **Sie konnte/wollte sich nicht**

eingestehen, dass auch sie Schwächen hat bzw. haben darf. Sie erwartete von sich selbst mehr Stärke, als sie rein körperlich zur Verfügung hat. Diese Belastung befand sich bei ihr - wir versuchen bei der ESA, in Bildern zu arbeiten! - tief im Inneren, im Bauch. Durch die Vorstellung, viel zu Trinken - gedanklich visualisiert, während der Surrogatbalance - kühlte sie die Hitze ab, die sich dort befand und fühlte sich prompt wesentlich entspannter. Sie konnte nun akzeptieren, dass sie NICHT immer die Stärkere ist bzw. sein muss. Ich bohrte aber weiter, das Thema Toleranz schien mir noch nicht abgeschlossen. „Wie ist es mit anderen, rudelfremden Hunden?" – „Akzeptiere ich nicht!" Sie wollte die anderen aber soweit tolerieren, dass sie nicht immer auf sie zurennen und ihre Macht zeigen müsse. Jedoch war - hier wieder in Bildern betrachtet – „die Lunge ganz dunkel" vor lauter Ablehnung und sie hätte hier statt dessen lieber ein schönes „Mai-Grün", welches für sie Toleranz symbolisierte. Sie wählte das Bild, dieses Grün einzuatmen und löste sich vom Dunkel durch das Ausatmen. Was sie jetzt noch wollte/brauchte, war etwas „Liebe von außen". Liebe sieht für sie rot aus. Jetzt konnte ich mit dem Testergebnis rot für den Nacken etwas anfangen. Julia wusste hiervon ja nichts, aber sie verlangte regelrecht nach einem liebevollen Rot, welches sie am liebsten um den Hals oder am Nacken hätte. „Sie (Anmerkung des Autors: die Halterin) weiß schon, welches Rot". Karla vertraute offensichtlich auf Irinas Intuition bei der

Farbauswahl. Außerdem wollte sie mehr Streicheleinheiten bekommen. Nachdem Julia für Karla stressfrei „ich bin es wert, geliebt zu werden" sagen konnte, beendeten wir diese Entstressung.

Selbstbewusstsein hatte sie, nur mussten wir ihr helfen, die Toleranzgrenze soweit heben zu können, dass sie ihrem Selbstbewusstsein die Chance gab, sich bemerkbar zu machen bzw. in Ruhe wirken zu können.

Das Testergebnis ‚mehr Berührung/Massagen' deckte sich ebenfalls mit dem Wunsch nach mehr Streicheleinheiten, was zeigte, wie wichtig Karla das Verhältnis zum bzw. ihre Stellung im Rudel und die entsprechende körperliche Zuwendung war. Die Halter konnten dies gut nachvollziehen, hatte doch vor allem Karla schwer unter der geschäftlichen Beanspruchung der beiden Halter zu leiden – „klar, dass da der Hund als erstes zu kurz kommt!"... Ich teilte alles Bernd und Irina mit und bat um genaueste Einhaltung der getesteten Mittel, um den optimalen Heilungsimpuls zu setzen bzw. die Entstressungserfolge optimal zu unterstützen. Na ja, Wochen später stellten wir fest, dass Bernd und Irina den Plan „nicht so ganz 100%ig" durchführten, was sie jedoch dann nachholten.

Im Mai des Jahres trafen wir uns wieder. Irina erzählte eher unwillig, dass sich Karla verändert habe. Sie sei aktiver geworden, sei aber in dessen Folge in ihr „ursprüngliches, altes Schema zurückgefallen". Nachdem ich erstaunt nachfragte, was hiermit gemeint sei, erzählte sie mir, dass

Karla nach der eingangs erwähnten homöopathischen Behandlung durch ihre Homöopathin vom beschriebenen Extrem der Aggressivität und des Aufbrausens „eigentlich in ein leicht apathisches, zu ruhiges" Verhalten fiel. Dies passierte vor dem ersten Test bzw. vor der Entstressung. Diese Information war mir neu. Nun, nach der ESA und den ersten Mitteln sei sie „wieder zurückgefallen", wieder „wie vorher", eher aggressiv und unruhig. Etwas verwundert registrierten Irina und Bernd, dass ich mich hierüber freute. Wir hatten etwas erreicht, haben ihr Ursprungsverhalten wieder hergestellt und Blockaden abgebaut. Dass dabei das vorhandene Potential des Tieres gefördert wurde, konnte man sicher auch anders auslegen. Jetzt war es aber notwendig, von den Extremen wegzukommen und Karla in ihre Mitte zu verhelfen. Wir vereinbarten die Fortführung der Arbeit. Und fast beiläufig erzählten sie mir, dass sie Karla „optimal" fütterten, ein Tierarzt habe lediglich mal festgestellt, dass sie eine Eiweißallergie hätte. AHA, daher kam das Testergebnis ‚zuviel Eiweiß'. Sie wollten versuchen, nochmals auf den Eiweißgehalt des Futters zu achten und unnötige Eiweißquellen zu vermeiden. Die optimale -möglichst natürliche- Vitaminzufuhr wurde ebenfalls geprüft.

Ende Mai war der Zeitpunkt für einen weiteren Test gut und ich testete Karla erneut. Diese energetische Bestandsaufnahme kam mir intuitiv wichtiger und effektiver vor, ich hatte stärker das Gefühl, **Karlas Energie** zu testen.

Das Stressdiagramm ergab eine Verschiebung der energetischen Blockade. Diesmal lag die

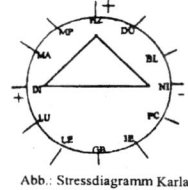

Abb.: Stressdiagramm Karla beim Nachtest

Ursachenunterenergie beim Nierenmeridian. Überenergie Herz und Überenergie Dickdarm. Das Thema Toleranz schien abgeschlossen. Niere steht emotional als Teil des Wasser-Elements für Angst, Unsicherheit. Als Testergebnis folgte: keine weiteren Bach-Blüten, Homöopathie einmalig Lachesis C200, Farbtherapie: 1Woche lang eine Blau-Bestrahlung, tgl. 15min. lang. Hier erschien es mir wichtig, dass Bernd, Irina und Jana (die Dogge) mit unter das Licht gingen. Leider ließ sich dies zeittechnisch selten erreichen, wurde aber seitens der Halter nicht wirklich angestrebt. Weiter war zu tun: Eine täglich angesetzte Extra-Streichelviertelstunde sollte damit verbunden werden, die Meridiane Dickdarm und Niere auszustreichen. Verbunden zusätzlich mit dem Halten der Kardinalpunkte Ni6. Eine weitere Entstressung war ebenfalls notwendig. Wir vereinbarten den Juni als Termin für die Entstressung, diese sollte vor Ort in Anwesenheit von Karla erfolgen, Surrogatperson sollte Susi, Irinas Schwester, sein.

So trafen wir uns im Juni wieder dort. Die Behandlung mit den Mitteln brachte für die Halter keine spürbar großen

Veränderungen, jedoch meinte ich beim Ankommen eine wesentlich entspanntere Karla vorzufinden. Entspannter, als ich sie vorher kannte. Anwesend waren neben Bernd und Irina sowie den Hunden Karla und Jana natürlich Susi und ihr Freund Stefan. Als wir nach kurzem gemütlichem Teil zur Entstressung kamen, verdrückten sich ganz unauffällig die Männer nach draußen, Jana folgte ihnen, und wir gingen ins Wohnzimmer. Es war schon interessant: Bernd, der so auf den tierkinesiologischen Test gedrängt hatte, machte sich jetzt aus dem Staub. Später meinte er hierzu, dass er die Möglichkeiten dieser Art von Arbeit doch nicht ganz an sich heranlassen wollte, wollte aber nichts blockieren. Wichtig war für mich, dass er die Behandlung förderte und Karla zu unterstützen versuchte.

Susi war zum ersten Mal Surrogatperson und sehr, sehr skeptisch. Sie musste Wasser trinken, damit die Energieübertragung besser möglich war und nach diversen Vortests ging es los. Susi ist sehr sensitiv veranlagt und fühlte bald körperliche Empfindungen von Karla, wollte es sich aber nicht eingestehen. Sie versuchte immer wieder, ihre Empfindungen als „bestimmt meine und nicht die von Karla" abzuwerten. Sie schien wohl Angst vor ihren eigenen Fähigkeiten zu haben. Klar, wenn man dies zum ersten Mal tut, ist Zweifel natürlich mehr als verständlich. Man weiß erst nicht so genau, was einen erwartet. Es war hier aber auch an Karlas Verhalten zu erkennen, **wer** hier entstresst wurde.

Außerdem versicherte mir Susi vorher, dass sie sich 100%ig gut fühlt und keinerlei Beschwerden habe. Hinterher wurde ihr dies wieder bewusst.

Zurück zu Karla: Wir befanden uns beim Thema Angst. Es war keine ESA, bei der die Surrogatperson so tief ,im Tier ist', dass ich mit dem Tier direkt zu kommunizieren schien, sondern Susi übertrug ,ganz bewusst' körperliche Empfindungen. Sie fühlte einen dicken Kloß im Bauch, welcher unbedingt weg musste. Wie bei der ersten ESA versuchten wir wieder, in Bildern zu arbeiten. Dies war für Susi ebenfalls neu, sie hatte anfangs große Probleme damit.

Nach heftigem hin und her brachte sie jedoch den Kloß nach oben in den Hals und wollte ihn über den Mund ausspucken. Susis Stimme wurde immer undeutlicher[7] und Karla sichtlich unruhig. Durch die Farbe Blau (=Mut) wurde es ihr möglich, den Kloß zu verkleinern, indem der Mut ihn umgab und dadurch zurückdrängte. Sie wurde ihn aber nicht los. Sie versuchte, ihn auszuspucken, doch er hing fest. Bald hatte sie ihn bereits im Mund auf der Zunge gespürt. Als sie aber wieder versuchte, ihn loszuwerden, warf er „einen Anker aus und hält sich an meiner Zunge fest". Karla lag mittlerweile auf

---

[7] Die Surrogatperson empfängt Impulse des Tierbewusstseins. Diese werden vom Menschen sozusagen in unsere Sprache transformiert. Dass Susi eine undeutliche Stimme bekam zeigte, dass sie nun ganz deutlich Karlas „Kloß im Hals" übertrug. Das Bild manifestierte sich in Susis Hals, sie SPÜRTE den Kloß und man merkte dies durch die belegte Stimme. Susi hatte weder vor der ESA noch hinterher

dem Boden neben uns und gab sich voll hin. Wie Irina sagte, sei dieses Verhalten in Anwesenheit von Besuchern eher ungewöhnlich. „**Ich** brauche Kraft, damit ich mich überwinden kann, den Kloß auszuspucken, diese Kraft aber habe ich nicht!" Sie war jedoch in der Lage, sich diese Kraft farblich selbst herzustellen. D.h. sie verfügte über das Potential, diese Kraft zu fokussieren bzw. verstärken, es war ihr nur bis dahin nicht bewusst! Mit Hilfe dieser Farbe war es ihr wieder möglich, den Kloß noch ein Stück nach vorne zu bringen. Aber er löste sich nicht. Irgendwie **wollte** sie den Kloß loswerden, irgendwie **aber auch nicht.** Ich war selbst der Verzweiflung nahe, die ganze Sache dauerte bereits über 45min. Da Karla jedoch im Endeffekt willens war, den Kloß, den sie selbst als „äußerst ungemütlich" empfand, loszuwerden, nahm sie nochmals all ihren Mut, ihre Kraft und ihr Selbstbewusstsein zusammen - alles schön als Farben visualisiert - und konnte sich schließlich und endlich nach knapp einer Stunde (!) von diesem lästigen Wegbegleiter trennen. Ein tiefer und erleichterter Seufzer ging in diesem Moment durch die schlafende Karla. Wir beendeten die Entstressung, trennten Karla und Susi voneinander und Letztgenannte war völlig fertig. Aber: Sie fühlte sich erleichtert und „lächelt mehr aus den Augen" (Zitat Stefan) als vorher. Karla wachte pünktlich auf, schien sich bei Susi zu

---

irgendwelche Halsprobleme oder sonstige stimmliche Schwierigkeiten. Der Beweis wurde hierdurch erbracht!

bedanken indem sie zu einer kurzen Streichelminute zu ihr kam und ging hinaus, als wäre überhaupt nichts gewesen. Was für eine Entstressung! Susi hatte während der ESA leider Energie verloren, weil für sie als ungeübte Surrogatperson das ganze zu heftig war. Außerdem gingen ihr die ganzen Bilder noch lange durch den Kopf. Karla schien entspannter, was sogar den Männern auffiel.

Wochen später bekam ich von Bernd die Mitteilung, dass Karla ausgeglichener sei, sie habe weniger Angst und verhält sich ruhiger als zuvor. Die beiden waren zufrieden und ein Nachtest zeigte keine Notwendigkeit für eine externe Unterstützung mehr an.

Karla war mein bis dato erster ‚abgeschlossener Fall'. Sie hat mir gezeigt, was sich doch vom menschlichen Gedankengut auf die Tiere überträgt. Denn: Kein Dobermann wird geboren und ‚denkt': „Ich bin ein Dobermann, von mir verlangt man, dass ich ein starker Hund bin! Ich muss stark sein!" Oder? Ich habe mir oft die Frage gestellt, ob es zu verhindern gewesen wäre, dass Karla in so ein Schema gefallen ist. Ich glaube nein. Vor allem haben Bernd und Irina gezeigt, dass sie alles daran setzen wollten, Karla zu helfen und das ermöglichte den ‚Erfolg' überhaupt erst. Die Rolle des Halters darf man bei der TK **nie** unterschätzen, was nachfolgende Geschichten (z.B. Jimmy) verdeutlichen.

Lassen Sie mich Ihnen aber nun erst mal das wie bereits erwähnt wichtigste Element der TK etwas näher erläutern, die emotionale Stressablösung – kurz: ESA.

Die emotionale Stressablösung - ESA

Die emotionale Stressablösung ist ein Kind der Kinesiologie. Es geht dabei darum - wie das Wort schon sagt -, auf emotionaler Ebene Stress abzubauen/-lösen. Dazu sollten wir uns klarmachen, wie Stress auf uns wirkt. Von Stress sprechen wir, wenn wir das Gefühl haben, zu stark belastet zu sein. Wir fühlen uns überfordert, die Aufgaben warten, aber wir glauben, sie nicht mehr bewältigen zu können. Das Gehirn scheint blockiert, manchmal bricht Schweiß aus, der Körper reagiert auf den ‚Stress' mit den uns allen bekannten Symptomen. Manche Menschen sprechen von positivem Stress. Der wird dann als stimulierend und motivierend empfunden und soll helfen, die anstehenden Aufgaben konzentriert meistern zu können. Sicher, manchmal ist ein Adrenalinstoss ganz hilfreich, doch sollte man überlegen, ob das Gehirn tatsächlich 100%ig arbeitet oder ob vielleicht doch mehr Energie verloren geht, als man sich eingesteht. In der Regel gilt Stress als störend, er verhindert, dass wir **nach** der Anstrengung **abschalten** können und raubt uns unsere Entspannungsphasen. Ferner gibt es noch verschiedene Stressphasen, je nachdem, wie stark der Stress bereits alle unsere Ebenen blockiert. Die Menschen gehen mit Stress unterschiedlich um. Die einen nehmen Beruhigungspillen, andere betäuben mit Alkohol oder Drogen, wieder andere sitzen zur ‚Entspannung' lange vor dem Fernseher. Andere gehen spazieren, spielen mit Kind oder Tier, malen, hören entspannende Musik, meditieren oder oder oder. Jedoch habe ich persönlich noch nicht viele Menschen kennen lernen dürfen, die von sich behaupten können, **keinerlei** Stress zu haben. Ganzheitlich gesehen kann man natürlich argumentieren: Stress vermeiden ist die beste Möglichkeit, damit sich das Thema gar nicht stellt. Jedoch werden sicher die meisten Arbeitnehmer in Deutschland, die unter Stress am Arbeitsplatz leiden, kaum in der Lage sein, ihren Job an den Nagel zu hängen oder sich so ganz nebenbei mal schnell und entspannt einen stressfreien Arbeitsplatz zu suchen. Auch durch die moderne Technik, die Vielzahl von Elektro-, Handy- oder Abgassmog, die Massenmedien sowie neuartige Reise- und Kommunikationsmöglichkeiten weitet sich der Stress immer mehr auf unser Privatleben aus. Sicher, es gibt Gelegenheiten, Stress aus dem Wege zu gehen und wir sollten im Hinblick auf unsere Gesundheit jeglichen ‚unnötigen' Stress vermeiden. Trotz alledem bleibt uns dieser Faktor erhalten. Deshalb ist es schon immer das Verlangen vieler Menschen, Stress abzubauen.

Wie sieht es im Körper dabei aus? Das Gehirn besteht aus 2 Hälften (rechte und linke Gehirnhälfte) sowie vielen verschiedenen Unterteilungen (Lappen). Wichtigster Teil für die ESA ist der Thalamus (=Sehhügel), welcher im sog. Zwischenhirn liegt und als der Schlüssel für das Bewusstsein gilt, d.h. alles, **was bewusst wird**, wird vom Thalamus in Bilder umgewandelt und entsprechend abgespeichert. Dies ist lediglich eine vereinfachte Darstellung des komplexen Ablaufs in unseren Schädeln, soll jedoch die Wichtigkeit der Funktion dieses Gehirnteils darstellen. Kinesiologisch betrachtet ist der Thalamus unsere Schaltstation. Indem wir bei der ESA den Kopf des Klienten/der Surrogatperson bzw. dessen Stirnbein- und Hinterhaupthöcker halten, wird erst der hintere Teil des Gehirns aktiviert. Hier liegt alles abgespeichert, alle Erfahrungen, Bilder, Gefühle etc. sind hier vorhanden. **Alles!** Wahrscheinlich kennt jeder die Situation, dass einem ein gewisser Umstand oder ein aktuelles Erlebnis an etwas zurückerinnert und Bilder, Gefühle, Sinneswahrnehmungen etc. inklusive dem damit verbundenen Stress der Erinnerung ,wieder hoch- bzw. vorholt'. Das Unterbewusstsein hat sofort das Bild wieder herausgesucht, über den Thalamus dem Bewusstsein untergeschoben und der Körper reagiert meist unkontrollierbar mit Schweißausbrüchen, Zittern, einem flauen Gefühl im Magen o.ä. Wenn man etwas hierüber nachdenkt, könnte einem in den Sinn kommen zu versuchen, das Bild, die Gefühle, etc., welche hier wieder hervorgerufen wurden, zu verändern. Die Kinesiologie hat eine Technik gefunden, auf diese Bilder zuzugreifen und sie wie beschrieben bewusst zu machen. Dadurch wird das Gehirn stimuliert, gespeicherte Bilder nach vorne zu holen und sichtbar (=bewusst) zu machen. Der Klient[8] hat die Möglichkeit, sich die Stress-Situation nochmals **anzusehen** und gegebenenfalls zu **korrigieren**. Dieser Vorgang ist vom Tester spürbar, meist werden die gehaltenen Höcker pulsierend unruhig, der Kopf warm bis heiß sowie ein gewisser Druck nach außen fühlbar. Nach dem Stressabbau ist der Kopf in der Regel ruhig, normal temperiert sowie entspannt. Wenn dies nicht der Fall ist, kann noch Rest-Stress auf das entsprechende Thema vorhanden sein. Nachdem die Bilder ins Bewusstsein gerufen wurden, werden sie vom Klienten selbst korrigiert, wenn er das möchte. Der Tester/Kinesiologe darf KEINE Korrekturen vornehmen, keinen Einfluss auf Entscheidung oder Wahl des Klienten nehmen! Dies ist wichtig, denn zur Erinnerung: Das Ziel der Kinesiologie lautet: Rückgewinnung der Eigenautorität sowie der Eigenverantwortung des Klienten. Sicher steht der Kinesiologe beratend zur Seite, zeigt durch gezielte Fragestellungen oder Anregungen, dass der Klient vielleicht doch selbst in der Lage sein könnte, etwas zu verändern bzw. verbessern. So kann der jeweils Entstresste selbst mit Hilfe des Kinesiologen das Bild finden, welches das bisher gespeicherte Bild verändert oder ersetzt, um den Stress entweder positiv zu verändern oder loszulassen. Erinnern wir uns an Karla: Sie hat den Kloß erst hochgeholt, dann

---

[8] Klient steht hier für Mensch oder Tier

verkleinert und schließlich ausgespuckt. Die Entscheidungsfreiheit und die Lösungsgewalt müssen aber stets beim Klienten liegen. Das Bild wird hervorgerufen und der Klient verändert es. Es wird das Unterbewusstsein befragt und eben dort ebenfalls die Korrektur getätigt. Diese Korrektur findet immer in Bildern statt, denn das Gehirn arbeitet in Bildern. Und alles, was das Gehirn ,sieht', wird als Wahrheit gespeichert. Beispiel aus eigener Erfahrung: Wenn ich an einen Menschen mit Glatze, glänzenden Augen und diesem gewissen stieren Blick denke bzw. eine ähnlich aussehende Person treffe, werde ich stets an meinen ehemaligen Chef erinnert. Dann läuft es mir eiskalt den Rücken herunter und ich bekomme ein flaues Gefühl im Magen. Nun wird auf das Gefühl im Magen eingegangen und der Klient (in diesem Falle ich selbst), der z.B. dort „alles schwarz" **sieht,** kann diese im unangenehme Farbe entfernen und durch eine andere, ihm angenehme Farbe ersetzen. Diese symbolisiert dann die vom Klienten in dieser Situation benötigte Stärke/Emotion/positive Affirmation. Oft werden Grün und/oder Blau als beruhigend empfunden, gleichzeitig als Symbole für Mut, Ruhe, Sicherheit angewendet. Rot, Gelb, Orange stehen meist für Kraft, Energie, ferner für Lebensfreude, Liebe. Folglich wird ,das Bild des schwarzen Bauches' geändert, es wird farblich-symbolisch von negativer Energie in positive Energie umgewandelt. Und so einfach kann es wirklich sein!

ESA beim Menschen

Im Rahmen der TK-Ausbildung haben wir Möglichkeiten der Sterbebegleitung beim Tier gelernt (siehe Kapitel Sterbebegleitung).

Sterbebegleitung klingt für viele schon deshalb schlimm, weil sie schon einmal ein Tier oder einen Menschen durch den Tod ,verloren' haben bzw. in den Tod begleiten durften. Ich wähle hier bewusst das Wort ,durften', denn für das sterbende Wesen ist es einfacher, begleitet zu werden. Außerdem kann dieses Erlebnis für den Begleiter ebenfalls ein positiver Schub sein. Zumindest der Selbstvorwurf „wäre ich doch da gewesen" fällt schon mal weg! Als Dr. Rosina Sonnenschmidt uns die Sterbebegleitung mit allen ihr bekannten Möglichkeiten der Hilfestellung als ,Außenstehender' gelehrt hatte, kam das Problem Stressabbau beim Halter. Wenn der Halter dies wünscht und braucht, muss auch hier eine kinesiologische Balance bzw. ESA angewandt werden können. Das Thema könnte z.B. lauten: „Ich lasse mein Tier zu 100% los". Ganz sicher bereitet dieser Satz im Moment des Sterbe-Begleitens großen Stress.

Diesen aber gilt es, abbauen zu helfen.

Dr. Rosina Sonnenschmidt aber fragte **uns:** „Könnt Ihr bei jemandem Stress auf ein Thema abbauen, mit dem Ihr selbst Stress habt?" Ein kollektives Stirnrunzeln begann sich bei uns breit zu machen. Ganz klar, jeder von uns war/ist Tierhalter.

Jeder von uns musste sich irgendwann mit dem Thema auseinandersetzen, aber **jetzt?** Keiner von uns wollte jetzt zugeben, Stress zu haben. Aber wie schön, dass es den Muskeltest gibt. Natürlich hatte jeder von uns Stress bei diesem Thema. Vor allem aber dann, als wir die Augen schlossen, unser Kopf in ESA gehalten wurde und jeder für sich in seiner ESA daran dachte, einer seiner Lieblinge/sein Liebling würde in irgendeiner Form von ihm gehen und **es hieß für einen selbst: Loslassen.**

Also: Ran an ESA.

Corinna, mit der ich dieses ‚Vergnügen' teilen durfte, war mir als sehr direkt, ehrlich und zuweilen etwas grob bekannt geworden, was mich vorher etwas beunruhigte. Diese Eigenschaften möchte ich in diesem Zusammenhang jedoch positiv darstellen, durch diese Fähigkeiten schaffte sie es bei mir, schnell und direkt auf den Punkt zu kommen und dabei ihre Sensitivität nicht zu übersehen. So sagte ich unter ESA zu ihr, dass der Stress nicht groß sei. Und nach einer kleinen Korrektur der Bilder in meinem Kopf bei dem Gedanken, Johnny unser ‚erster Collie' könnte von uns gehen, schien alles bereinigt. So sagte ich zu ihr: „Passt schon wieder!".

Natürlich war ich bezüglich dieses heiklen Themas noch nicht stressfrei und sie merkte das auch an meinem Kopf (siehe Erläuterungen zu ESA). Als ich aber irgendwie weder sie noch mich an das Thema heran ließ (ist doch verständlich, oder? Wer denkt schon gerne im Voraus an das Loslassen, wir müssen ja noch nicht!!! Außerdem: Warum sollte ich jetzt und hier meine wahren Gefühle offenbaren?), gab sie mir in der ihr beschiedenen Art zu verstehen, dass mich mein geliebter Johnny irgendwann trotzdem verlassen wird. Und sie machte dies so nachdrücklich deutlich, dass ich „mal kurz auf die Toilette" musste. Ich war dort noch nicht richtig angekommen, als sich mein aufgehobener Stress und meine Anspannung in einem heftigen Weinkrampf löste. Aber obwohl das nicht unbedingt die Regel bei einer ESA ist, so konnte ich hier und jetzt – alleine, aber mit Hilfe der vorher in Zusammenarbeit mit Corinna korrigierten Bilder – meinen Stress selbst ablösen. Klar, hier zeigten sich noch ein paar kleine andere Stressoren meinerseits, z.B. „ein Mann weint nicht", „ich darf meine Gefühle nicht offen zeigen" etc., aber dieser Stress auf das Loslassen war - soweit zu diesem Zeitpunkt möglich - abgebaut. Ganz sicher werde ich trotzdem sehr traurig sein, wenn Johnny uns mal verlässt. Aber der Stress wird geringer sein und Trauer zu haben und zu fühlen und zuzulassen ist heute für mich kein stressbeladenes Thema mehr. Hier sieht man, dass im Laufe der Ausbildung mein Stress auf weinende Männer und das Zeigen von Gefühlen ebenfalls abgebaut wurde!

Diese ESA war nicht nur für mich eine große Hilfe im Bezug auf die Sterbebegleitung, die ich bereits mehrfach anwenden durfte (siehe ‚Erfahrungsbericht Musch' im Kapitel

Sterbebegleitung). Der Grossteil der Kollegen/Kolleginnen sah hinterher irgendwie erleichtert aus.

ESA über Surrogat

Wie funktioniert aber Surrogat? Genauso, wie Corinna mir geholfen hat, den Stress loszulassen bzw. zu verändern, so helfen wir den Tieren. Da aber das Tier selten seinen Kopf halten lässt und spricht, stellt sich eine sogenannte Surrogatperson zur Verfügung, welche die Empfindungen bzw. das Unterbewusstsein des Tieres überträgt und die Impulse, die sie erhält, in unsere Sprache transformiert. Wenn eine Surrogatperson gelernt hat, die Impulse richtig zu ,lesen' und sie rein und unbewertet weiter zu geben, kann sich ein richtiges Gespräch zwischen Tester und Tier ergeben. Dies ist aber erst bei fortgeschrittenen Surrogatpersonen der Fall und nur ganz selten (siehe Ricardo) bereits beim ersten Mal. Oft ist es so, dass der Halter erst mal aus den Augen seines Tieres blickt, dessen Gefühle ertastet und eben spürt, was sonst nur das Tier spürt. Oft sieht sich der Halter selbst aus der Sicht des Tieres (siehe Jimmy) und entdeckt, ob und dass vielleicht sogar **er/sie** ganz leicht etwas ändern kann, um dem Tier wieder Freude und Lebenslust zu vermitteln.

Was wird empfunden? Die Empfindungen bei einer Entstressung sind so unterschiedlich, wie sie unterschiedlicher gar nicht sein können. Die eine Surrogatperson, eher der visuelle Typ, sieht das, was das Tier sieht und verändert einfach dieses Bild. Die andere spürt, fühlt, erkennt, was das Tier denkt und bewegt und kann dies sogar ganz detailliert beschreiben. Dies setzt meist aber etwas Erfahrung voraus. Wieder andere ESA bringen Bilder zum Vorschein, die oft auch dem Kinesiologen sichtbar werden[9] (Beispiel Maxi). Oft werden Beschwerden richtig spürbar[10], die Surrogatperson spürt den Schmerz oder das Leid sozusagen am eigenen Körper ganz heftig, weshalb viele Menschen nicht als Surrogatperson zur Verfügung stehen möchten.

Stellt sich die Frage: Wie kann ich diesen Stressabbau bei Lebewesen anwenden, die ich nicht selbst befragen kann, wie z.B. Säuglingen, Koma-Patienten, Tieren oder Pflanzen?

Findige Menschen erinnerten sich der Kenntnisse früherer Generationen (TCM, Schamanismus, Medien etc.) bzw. bedienten sich dieses Wissens, die ohne technischen Aufwand Auren etc. sehen können und entsprechend Informationen vermitteln. So versuchte man, ,irgendwie' Kontakt zu den entsprechenden Lebewesen aufzunehmen, um Informationen des entsprechenden Bewusstseins an einen Therapeuten etc. zu übertragen. Da dies im normalen Wachzustand des vollen Bewusstseins mehr als schwer ist und oft durch unser Denken

---

[9] Tier, Tester und Surrogatperson bilden bei diesem Vorgang eine energetische Einheit. So ist es mir schon oft passiert, dass ich als Tester die durch die Surrogatperson übertragenen Bilder ebenso kurz sehen konnte.

[10] Denken wir an Susi/Karla und den belegten Hals bzw. die belegte Stimme!

und unser Wissen zu stark beeinflusst wird, fand man heraus, dass der Alpha-Zustand gut geeignet ist, um die Information des Tieres leichter und reiner zu erhalten.

Der Alpha-Zustand

Alpha ist ein Zustand ‚auf dem Weg vom vollen Wachsein zum Schlafzustand'. ‚Auf Alpha' befinden wir uns für kurze Zeit immer während des Einschlafens bzw. kurz vor dem Aufwachen, wird daher als entspannter Wachzustand bezeichnet (Frequenzbereich 8-13Hz). Es ist ein Zustand freier Empfindungen, man ist sich der Situation bewusst, irgendwie aber noch nicht bzw. nicht mehr ganz da. Dieser Zustand wird bei der aktiven Meditation erreicht. Die linke Gehirnhälfte ruht, man ist offen für kreative Eingebungen, Farbwahrnehmungen, Inspiration etc. Das Unterbewusstsein ist aktiv. Alpha befindet sich bildlich gesprochen[11] 5-10 Treppenstufen tiefer, als das normale Wach-Bewusstsein. Es ist ein Bewusstseinszustand, der das Unterbewusstsein zugänglich macht, jedoch der Surrogatperson die Möglichkeit lässt, jederzeit bewusst aus Alpha zu ‚entfliehen'. So ist Alpha wie geschaffen dafür, die Informationen eines anderen Bewusstseins (z.B. Tier) gut übertragen zu können.

---

[11] Kinder können mit Bildern noch viel mehr anfangen als Erwachsene. Sie können auch leichter Farben visualisieren, was die ESA für Kinder extrem einfach gestaltet. Wir sollten davon wieder

Wie kann ich aber mit einem Tier arbeiten, welches gar nicht hier ist? Wir haben ja ein sogenanntes Surrogat des Tieres (Fell, Federn, Kot, Blut, Foto...). Dieser materielle und energetische Teil des Tieres wird ebenso wie beim kinesiologischen Testverfahren als (Über-)Träger der Bio-Energetik, sprich des Biofeldes des Tieres eingesetzt. Die Surrogatperson tut nichts anderes, als mittels dieses Teils Zugang zum Tierbewusstsein zu finden und Informationen zu übertragen[12].

Bei der Entstressung eines Tieres geht die Surrogatperson auf Alpha und nimmt dort mit dem Tier Kontakt auf. Dieser Kontakt findet tatsächlich statt und es ist uns nicht erst einmal passiert, dass ein Tier, das uns nicht an sein Problem heran lassen wollte, einfach davongerast ist. Denn das Tier behält bei allem die **freie Entscheidung**, ob es Hilfe erhalten will. Sicher, jeder kann wahrscheinlich mit viel Mühe visualisieren, dass das entsprechende Tier gerade vor einem sitzt und man Kontakt aufnimmt. Aber ob das wirklich geschieht, ob das Tier wirklich da ist und man die Erlaubnis bekommt, hineinzublicken und Hilfe anzubieten, das ist wieder etwas anderes und unterliegt der Entscheidung des Tieres - gut, dass der Mensch nicht alles kontrollieren kann. Wenn eine Surrogatperson mit einem Tier auf Alpha ist, bitte ich sie meist erst mal, in das Tier ‚hineinzukriechen' und alle Sinne

---

etwas lernen, denn das Denken und Fühlen in Bildern macht sehr viel Spaß...

[12] „Was hier ist, ist überall. Was hier nicht ist, ist nirgends!"

einzuschalten. Dies ist nicht leicht, weil man gerne etwas erwartet, sich andererseits aber nicht vorstellen kann, was einem denn für Eindrücke entgegenkommen können. In unserer Ausbildung sind wir oft ‚in ein Tier hineingekrochen' und ich musste immer feststellen, dass ich meine Sinne nicht unter Kontrolle hatte. Klar, ab und zu hatte man das Gefühl, etwas zu riechen, sehen, fühlen, hören etc. Aber entweder meine Sinne konnten mir nicht vermitteln, worum es sich handelte oder aber sie spielten mir einen Streich. Luciano, der mit in unserer Ausbildungsriege war, hat ein großes Talent hierfür. Wenn er ‚in ein Tier reinkrabbelte' und irgendwo etwas roch oder sah, konnten wir sicher davon ausgehen, dass da tatsächlich etwas war. Ich kann mich an ein Pferd erinnern, wo er im Kopfbereich links einen „komischen Geruch, wie etwas faulig" bemerkte und die Halterin bestätigte, dass sich im linken Ohr eine hartnäckige Entzündung hielt, welche bereits stark zu riechen begann. Wohlgemerkt: Wir hatten lediglich Haare des Tieres in der Hand und wussten faktisch nichts über das Tier. Solche Erlebnisse haben uns immer in unserem Tun bestärkt und es konnte vielen Tieren dadurch geholfen werden.

Meine Frau Julia und ich führen eine ESA zuhause meist abends in Ruhe durch. Dies findet meist für den Halter zu dem Zeitpunkt unbemerkt statt. In den wenigsten Fällen kommt es zu direkten Reaktionen des Tieres, wie es z.B. bei der Katze Minni der Fall war.

ESA am Tier - Erfahrungsbericht Minni

Hier war es mir wichtig, dass die Halterin Frau Schwarz-Meier, welche ihre Katze sehr aufmerksam beobachten konnte, während der Zeit der Entstressung nicht mit ihr sprach bzw. sie ablenkte. Folglich rief ich sie kurz vorher an und bat sie, die nächste Stunde auf gar keinen Fall auf Minni einzugehen, egal was passiert. Und sie sollte einfach ihrer Beschäftigung weiter nachgehen. Natürlich war klar, dass sie aus Neugierde das Tier extra beobachten würde. Sie wusste zum damaligen Zeitpunkt nicht, **was** wir da überhaupt genau tun. So begannen wir mit der ESA und es war eine lange, humorvolle und doch sehr effektive Entstressung. Minni war lt. tierärztlicher Diagnose unheilbar nierenkrank. Die Werte lagen in Bereichen, wo normalerweise laut ärztlichem Befund ein Nierenversagen kurz bevor stand. Das Fell war matt und löchrig, allgemein schien Minni sich wahrlich aufzulösen. Der Test ergab jedoch lediglich die Gabe von Bach-Blüten zur psychischen Stabilisierung sowie eine Entstressung. Direkt zur Nierenstärkung war jedoch noch etwas angesagt: Birke! Noch NIE zuvor hatte ich Birke getestet und bisher keinerlei Erfahrungen damit gesammelt. Frau Schwarz-Meier fragte aber nicht weiter und besorgte sich Birken-Kapseln. Wir führten zusätzlich die Entstressung durch. Minni war sehr zugänglich und die Ruhe selbst. Ich war selbst Surrogatperson, was mir viel Freude bereitete. Der drohende Tod war für sie kein Problem. Sie fühlte sich zwar sehr wohl in ihrem Leben, meinte aber: „Wenn mein Körper nicht mehr kann, dann sterbe ich halt. Aber SIE (Anmerkung des Autors: Die Halterin) hat Probleme damit, Ihr müsst ihr helfen!" Nach einiger Zeit hatten wir den ‚Stress' von Minni abgebaut und sie vertraute auf die Ruhe und Gelassenheit ihrer Halterin. Als ich Frau Rothe anrief, fragte sie, was wir gemacht hätten. Sie erzählte, dass Minni die ganze Zeit über im Raum hin und her lief, auf sie zu, von ihr weg, immer maunzend und fragend. Sie beschrieb es „als würde sich jemand mit ihr unterhalten und sie hat geantwortet". Ja, genau dies war passiert und Frau Rothe konnte es jetzt aufgrund dieser selbst gemachten Erfahrung nachvollziehen. Es war für sie eine unglaubliche Erfahrung, für uns eine wohltuende Bestätigung der ESA über Surrogat! Übrigens: Minnis Nierenwerte normalisierten sich innerhalb weniger Wochen und sie lebt noch heute (Februar 2001). Aufgrund der verbesserten Nierenwerte führte der Tierarzt noch eine Eigenblutbehandlung durch, woraufhin sich Minni komplett wieder erholte und vollkommen gesund wurde. Das Fell begann ebenfalls bereits wieder zu wachsen und glänzt wie einst.

Das Beispiel von Jimmy zeigt eine erste Berührung eines Halters mit der ESA-Technik als Surrogatperson für seinen Hund.

Erfahrungsbericht Jimmy

Jimmy ist zum Test-Zeitpunkt ein 4jähriger Rüde. Zu seiner Vorgeschichte sei gesagt, dass er beim Züchter der letzte im Wurf war und als ‚nicht vermittelbar' galt. Ein Tierschutzverein hat ihn vor der Euthanasie gerettet und dem Ehepaar Simons verkauft. Die Familie Simons hatte sich dadurch mit Jimmy vergrößert. Familie Simons, darauf möchte ich hier vorab kurz eingehen, sind ein amerikanischer Mann, der ruhig, fast stoisch im Leben steht sowie die esoterisch sehr geprägte und naturverbunden bzw. ökologisch eingestellte Frau Simons, die aus einer Bio-Landwirtschaft stammt und dementsprechend alternativ eingestellt ist. Nicht nur das prägt das Familienverhalten der beiden. Als Jimmy das erste Mal Hautbeschwerden bekommt, ist er gerade 2 Jahre alt. Die Haut wird schuppig, trocken, faltig und es entsteht stellenweise ein sehr starker Juckreiz.

Nachdem der Rüde eine benachbarte Hündin deckte und Wiederholungsgefahr bestand, wurde er kastriert. Diese Kastration verursachte bei ihm laut Aussage der Halter einen gewaltigen Schnitt im Leben. Seitdem verhielt er sich „wie sein eigener Großvater", er wurde ruhig - fast apathisch und das Kratzen wurde schlimmer und schlimmer. Herr Simons wollte schnellstmöglich zum Tierarzt, Frau Simons ging das gegen den Strich - schulmedizinisch war für sie nahezu alles Humbug -, so dass lange nichts externes passierte. Als Frau

59

Simons eine Empfehlung bekam, es mal bei mir zu versuchen, rief sie sofort an. Nach einem kurzen Vorgespräch am Telefon sendete sie mir Haare und Bilder von Jimmy. Ich machte mich gleich an den Test und war mehr als geschockt über die Ergebnisse des Stressdiagramms. Hätte ich einen 12jährigen, sterbenskranken Hund vor mir, hätte ich sofort die Sterbephase getestet und Familie Simons auf das Unvermeidbare vorbereitet. Nicht weniger als 6 (!) Meridiane schalteten ab, die Ursachenunterenergie lag bei der Leber, p, m; Emotion = Wut; Zuordnung = Planung. Leber zeigte vor allem aber

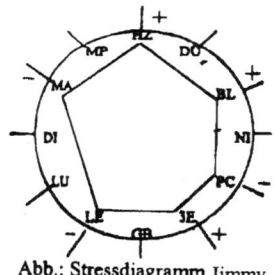

Abb.: Stressdiagramm Jimmy

körperlich an, d.h. das Organ Leber brauchte Unterstützung. Ferner schien so ziemlich jedes Element betroffen außer Metall (= Lunge, Dickdarm). Vor allem aber das Feuerelement, hierzu gehören Herz, Dünndarm, Kreislauf-Sexus (PC) sowie 3-fach-Erwärmer, war betroffen. Es steht für Lebensfreude, Energie, eigener Antrieb. Hier sollte sich herausstellen, wie wichtig dieses Element für Jimmy ist! Ferner sollte die Futtermenge auf $^7/_8$ der bisherigen Menge reduziert werden, Milch gänzlich vom Speiseplan gestrichen werden. Zur Leberentgiftung sollte Lycopodium D6 gegeben werden, zur Entgiftung von Quecksilber Mercurius D30. Ich informierte Frau Simons telefonisch über das Ergebnis und wollte mit Jimmy auf jeden Fall baldmöglichst eine

Entstressung durchführen. Und: Die Halter mussten/sollten anwesend sein, am besten selbst als Surrogatperson(en) fungieren. Zum vereinbarten Termin trafen wir uns, Herr Simons, Frau Simons, Jimmy und ich. Mir war schon vor diesem Treffen klar, dass die vielen emotionalen Blockaden von Jimmy nicht alle alleine **seine** sein konnten und das sollte sich - zum Glück für Jimmy - bestätigen.

Als Herr und Frau Simons bei mir eintrafen, versuchte ich vorab, den Einfluss der Halter auf den Hund zu erspüren. Ich war der Meinung, dass Frau Simons diejenige war, die Jimmy beeinflusste bzw. der er einige Energiedefizite abnahm. Als beide hier waren, schien sich dies erst zu bestätigen, Frau Simons klagte über zu wenig Zeit für den Hund, viel Stress durch ihr Studium, Unzufriedenheit über ihr Leben. Herr Simons schien ruhig und ausgeglichen, er hörte sich in Ruhe alles an und war - obwohl skeptisch - der Meinung, wir sollten alles mögliche „auch auf diesem Weg" versuchen. Nachdem ich das Stressbild erklärte und den Therapievorschlag erläuterte, kamen wir auf die Entstressung zu sprechen. Beide wollten dies ausprobieren, für Frau Simons war das sowieso alles sofort in Ordnung, Herr Simons wollte es prüfen. Ich bat sie, sich auf den Stuhl zu setzen und ihre Energie aufzuspüren, sie sich im Solarplexus anzusehen und notfalls das Bild zu erschaffen, welches für sie die absolut reine, harmonische und geschützte Energie darstellt. Sie konnte sich nach einiger Zeit damit anfreunden und das Bild herstellen. Um zu prüfen, ob sie die Energie bei sich behalten konnte, ging ich mit meiner flachen Hand vor bzw. hinter ihren Solarplexus, um den Energieaustritt zu erfühlen. Und da kam mir eine ganze Menge entgegen. Ich bat sie noch mal, die Energie zu schützen und sich zusätzlich ein Symbol, eine Farbe oder einen Helfer zu visualisieren, der ihre Energie im Solarplexus schützen sollte. Dabei verlor sie das Bild ihrer eigenen Energie und meinte, dass sie sich jetzt „auf die Schnelle" nicht schützen könne. Schade, denn damit war es nicht möglich, sie als Surrogatperson für ein anderes Individuum herzunehmen. Bei der Übermittlung der Energie besteht ständig die Gefahr, dass das ‚schwächere' System vom ‚stärkeren' Energie abzieht. Da immer die Surrogatperson das stärkere System darstellen muss - sonst ist der Einsatz eines Menschen hierfür wie bereits erwähnt unverantwortlich -, muss sie diesen oben beschriebenen Schutz aufbauen können bzw. keine Energie abgeben. **Kann sie das nicht, kann sie dem Tier nicht helfen.** Zur Erinnerung aus der Erfahrung Karla: Susi war total ausgelaugt, konnte den Schutz nicht über die gesamte ESA halten. Denn welche Hilfe ist es denn, wenn **sie** hinterher geschwächt ist?! Vorsichtig fragte ich an, ob Herr Simons evtl. bereit wäre, Surrogatperson für Jimmy zu werden. Er war neugierig und nun aufgeschlossener - wir wollten es probieren. Er setzte sich und visualisierte seine Energie - da war viel vorhanden. Er konnte sie bündeln und schützen - ein Symbol war zwar schnell gefunden, bis keine Energie mehr abgehend zu spüren war, dauerte es aber einige Zeit - und wir legten los. Herr Simons ging auf Alpha mit Jimmy und obwohl er dies zum ersten Mal tat, tat er es mit voller Konzentration und absoluter Ernsthaftigkeit. Deshalb war das ganze sehr schnell sehr intensiv und er guckte sich im Inneren seines Hundes um. Er roch, sah, hörte, fühlte. Es war erstaunlich und für mich sehr erfreulich, dass er mit vollem Vertrauen an die Sache heranging und dementsprechend offen für Empfindungen war. Nachdem er sich ein bisschen umgesehen hatte, bat ich ihn, aus Jimmys Augen zu sehen und mir zu beschreiben, was er sah. Es dauerte ein wenig, bis plötzlich eine Träne über Herrn Simons Wange lief. Ich fragte ihn, was er fühlte und er sagte: *„Jimmy hat keine Lebensfreude, er hat verlernt zu spielen."* Die Trauer war ihm deutlich anzumerken und er kämpfte mit seinen Gefühlen. Ich fragte, **wie** sich diese Trauer anfühlte und **wo** er sie spürt. Er spürte es im Herzen. Es war keine Lebensfreude dort, was Jimmy unangenehm war. Ich fragte: „Wie sieht es dort aus?" – *„Alles dunkel, grau, leblos".* Jimmy wurde in Frau Simons Arm immer unruhiger und kratzte sich ‚wie ein Weltmeister'. „Ist es Ok so für Jimmy, dass es dort grau, dunkel und leblos ist?" – *„Nein, das ist nicht schön, es sollte anders sein".* **„Wie,** was fehlt? Welche Farbe sollte dort sein?" – *„Orange - Energie!"* – „Hat Jimmy diese Energie irgendwo in sich?" – *„Ja, im Bauch - aber zu wenig!"* Er versuchte jetzt, das vorhandene Orange, welches für Lebensenergie, Freude, Ausgelassenheit steht, im Körper auszubreiten bzw. vor allem in die Herz-Gegend ziehen zu lassen bzw. zu ziehen. Es war scheinbar nicht möglich. Auf meine Nachfrage, ob er noch etwas benötigte oder jemand helfen könne, bezog er sich auf die Halter und meinte: Ich sprach daraufhin Herr Simons direkt an und bat ihn, zu prüfen, ob es ihm als Halter möglich wäre bzw. ob er Jimmy helfen möge, indem er diese Lebensfreude, dieses Orange ausstrahlen würde. Er versuchte dies und auch Frau Simons strahlte diese Lebensenergie, diese Freude für Jimmy aus! Das Perfekte an dieser Situation war, dass Herr Simons Surrogatperson war. So sah er als Übermittler der Impulse das Defizit bei seinem Hund. Lösen konnte er als Halter dieses durch das eigene Ausstrahlen der Energie. D.h. er hatte das Bild für Jimmy **und** er fühlte die Energie von sich selbst kommen, konnte sie aktiv senden! Dieses Bild gefiel Jimmy und er nahm das Orange dankbar auf! Gleichzeitig konnte er die damit erhaltene Lebensenergie, Freude und Ausgelassenheit in die Herzgegend leiten, wo zwischenzeitlich strahlend helle orange Energie zu sehen und vor allem zu spüren war. *„Er hat verlernt, zu spielen! Wir spielen zu wenig mit ihm!"* Diese Aussage traf Herrn Simons, der sie selbst formte nochmals sehr, er musste wieder mit der Fassung kämpfen. „Was können wir da tun?" versuchte ich eine Lösung finden zu helfen! *„Wir müssen wieder mehr auf ihn eingehen, das Spielen beginnen, ihn beeinflussen. Den Stock werfen - das hat er ewig nicht mehr gemacht, mit dem Stock zu spielen - den Ball rausholen, ihn* *auffordern! Dann kann er es wieder lernen!"* – „Ist das jetzt o.k. für Jimmy?" – *„Er muss mehr trinken! Ich spüre förmlich, wie die Feuchtigkeit im Körper fehlt! Aber das machen wir gemeinsam, das bringen wir ihm einfach alles wieder bei!"* Noch mal fragte ich, ob das für Jimmy in Ordnung sei, ob wir noch etwas für ihn tun sollten. *„Die Leber gefällt mir gar nicht, die braucht unbedingt Hilfe!"* Herr Simons hatte noch mal einen Rundblick gewagt und vertraute mittlerweile selbst seiner Empfindung[13]. Ich versprach, ein Mittel zu testen, welches die Leber entgiften hilft und gleichzeitig das Organ anregt, sich zu regenerieren bzw. neue Zellen zu bilden. Da war es wirklich gut für Jimmy - mindestens für den Augenblick - und wir konnten aufhören. Herr Simons ‚kam zurück' und war erst mal etwas verwirrt. *„Das war eine großartige Erfahrung - Anita, das muss man erlebt haben! Wir müssen uns wieder mehr mit ihm abgeben, dürfen ihn nicht zu Deinen Eltern abschieben - müssen wieder den Stock rausholen und den Ball suchen!"* Dann wurde er wieder ruhiger und man merkte, wie er grübelte und die eben gewonnene Erfahrung zu verarbeiten versuchte. Wir unterhielten uns noch allgemein über derartige Erlebnisse und ich versuchte, in diesem Gespräch Frau Simons klar zu machen, dass es meiner Meinung nach besser und sicherer wäre, zusätzlich zu unserer Behandlung einen kompletten Check beim Tierarzt zu machen. Mein Test ergab nämlich z.B.

---

[13] Erinnern wir uns an Luciano!

Bakterien auf der Haut, ich konnte jedoch nicht näher feststellen, was das war. Ferner war das Immunsystem aktuell so geschwächt (Selbstheilungskräfte vor der ESA 36%), dass nichts übersehen werden sollte. Herr Simons hörte dies natürlich sehr gerne, wäre er doch schon viel früher zum Tierarzt gegangen. Frau Simons war nicht begeistert, willigte aber ein und sie wollten bald mit Jimmy zum Tierarzt. Beim Verabschieden bedankte sich Herr Simons nochmals für die gewonnene Erfahrung und war zuversichtlich, dass jetzt alles besser wird! Ein paar Tage später rief mich Frau Simons an und erzählte, dass sie und ihre Mutter bereits wesentliche Besserungen an der Haut feststellen konnten, das Kratzen ging zurück und er schien wesentlich ruhiger zu schlafen. Der tiermedizinische Befund bestätigte übrigens Staphylokkoken auf der Haut, (noch?) nicht schlimm und laut Tierarzt (noch!) nicht notwendig, dass Antibiotika eingesetzt werden müssten, jedoch zu beachten. Das war wichtig, denn das empfohlene Teebaumöl konnte beweisen, wie stark es gegen Staphylokkoken wirkt und Jimmy hatte es selbst in der Hand, mit mehr Lebenswillen und dadurch stärkeren Selbstheilungskräften dagegen anzukommen. Leider konnte das Teebaumöl keine direkte Tat vollbringen. Jimmy hatte nicht nur die Angewohnheit entwickelt, das Teebaumöl umgehend abzuschlecken, er hatte es scheinbar auch nicht so gut vertragen. Ich hätte es doch austesten sollen!!! Frau Simons rief mich in der Folge einige Male an und berichtete von Besserungen, Verschlechterungen, von Fellwuchs hier und Fellausfall da. Im Großen und Ganzen schien aber eins sich zu stabilisieren: Jimmys Freude am Leben. Wenngleich Herr Simons nicht von Anfang an die Überwindung fand, wieder konstant den Ball, den Stock oder anderes Spielzeug in den Spaziergang einzubringen, so hatten sich die ersten Impulse bei Jimmy doch eingenistet und wollten jetzt wachsen. Als Frau Simons einige Wochen später anrief, um zu berichten, dass Jimmy wieder verstärkt kratzt und die Haut schlechter aussieht, berichtete sie mir von der schulmedizinischen Anwendung. Der Tierarzt hatte sicherheitshalber ein Antibiotikum mitgegeben. Noch nicht notwendig, aber sicherheitshalber. Frau Simons wollte es nicht verabreichen, sah aus ihrer Erfahrung (schulmedizinisch human) keine Veranlassung dafür. Sie wollte vorerst überhaupt nichts dergleichen anwenden. Aber Jimmy war noch nicht über dem Berg, die Symptome noch vorhanden. Wir einigten uns, noch eine ESA durchzuführen. Diesmal über meine Frau Julia als Surrogatperson. Bei dieser Entstressung fanden wir einen ganz anderen Jimmy vor. Lustig, schüchtern und doch wie ein kleiner Schelm berichtete er über die Unlust zum Spazieren bei schlechtem Wetter und die fehlenden Farben in seinem Leben. Er konnte diese Farben visualisieren und seinen gesamten Körper damit ausfüllen. Dies ging einfach und schön, die Frage war: **Wie konnte er diese Farben auf seine Halter übertragen?** „Denen fehlt es nämlich ebenfalls an Farben im Leben!" Diese eindeutige Aussage war genug. Wie konnte - und das wollte er! - Jimmy seinen Haltern Freude vermitteln? Wir erinnern uns: Bei der ersten ESA suchte Jimmy nach der Energie, die von den Haltern ausging. Da er diese damals bekam und seine eigene dadurch stimuliert und wiedererweckt wurde, war soweit alles in Ordnung. Nur bemerkte er, dass zwar **er** jetzt voll Freude war, **die Halter aber selbst** nicht! Also – wie bringe ich die Farben an meine Bezugspersonen? Julia/Jimmy fing an zu lachen, ein herzliches Lachen, wie ich es selten in einer Surrogatbalance erlebt hatte. Als ich nachfragte, welches Bild diesen Reiz auslöste, steigerte sich dieses Lachen in einen kleinen Lach-Anfall hinein. Nachdem sich dieser wieder etwas legte, konnte mir Julia das Bild erläutern, mit welchem Jimmy arbeitete. „Er niest die Halter an! Er hat sich die Farben auf die Schleimhäute in der Nase gelegt und dann – upps – geniest. Und das sieht für Jimmy so witzig aus, wie seine Halter ob des feuchten Niesens voller Farbkleckse sind, dass er nur noch lachen möchte. Es scheint, als hätte er gerne früher schon gelacht, konnte aber nicht!" Wir lachten beide, denn für einen Moment glaubte ich, dieses Bild zu sehen. Es war wirklich lustig, sollte aber im ersten Moment bei den Haltern nicht so gut ankommen. Dennoch setzte sich die Farbe durch und Jimmy war zufrieden damit, seiner Familie etwas zurück gegeben zu haben. Wir beendeten die ESA und waren alle sehr zufrieden. Als ich an diesem Abend Herr Simons hierüber informierte, schien er mir etwas verwirrt. Kein Wunder. Sein Hund hatte ihn mit einer farbigen, aktiven Lebensfreude so angeniest, dass diese jetzt erst mal verarbeitet werden musste. Es dauerte hierauf sehr lange, bis ich wieder von Familie Simons hörte. Wir vereinbarten noch mal einen Termin für eine ESA für Jimmy, Surrogatperson diesmal Frau Simons. Weil diese ESA aber mehr auf ihre Probleme, als auf die von Jimmy einging, möchte ich sie hier nicht näher erläutern. Wichtig war nur die Rückmeldung: Es ist eine erhebliche Verbesserung entstanden! Die Haare wachsen an Stellen nach, an denen seit über 2 Jahren keine Haare mehr waren. Die Haut juckt weniger, es sind kaum noch entzündliche Stellen vorhanden. Jimmy wirkt wieder wie ein junger Hund und es macht ihm und den Haltern wieder viel Spaß, spazieren zu gehen.

Die Frage, die sich bei Jimmy mir immer stellt ist: Wären die Halter mit ihm ‚nur' zum Tierarzt gegangen - hätte Jimmy den Heilungsprozess mit Antibiotika in Gang gebracht? Hätten Herr und Frau Simons **je erkannt,** dass der Hund **ihre** Hilfe braucht, wieder Lebensfreude und Spaß zu finden? Wäre es für Jimmy ganzheitlich ausreichend gewesen, hätte man die Haut symptomatisch behandelt und nichts weiter gemacht?

Die Stellung des Hundes im Rudel

Anhand der Erfahrung mit Jimmy möchte ich auf die Stellung des Halters im Bezug auf Gesundheitszustand des Tieres eingehen bzw. die Stellung des Hundes in der Familie generell aufzeigen. Jimmy war als junger, fröhlicher Hund zu Familie Simons gekommen. Er war aufgeweckt, hatte Spaß am Spielen mit Stock und Ball und die Familie war glücklich, denn so ein junger ‚frischer' Hund bringt doch wunderbare Abwechslung in den Alltag. Doch der Alltag kehrt auch mit dem Tier ein. Der Spaziergang wird Routine und wenn der Hund das eine oder andere Mal nicht am Stock interessiert ist, weil gerade irgendwelche Düfte oder ähnliches in der Luft liegen, gewöhnt man sich das Spielen leicht selbst ab - und gerade dadurch der Hund. Der Spaziergang verliert langsam seinen Reiz, der ‚Kick' fehlt. Regen, der vorher „Ach - doch egal" war, wird jetzt als Ausrede benutzt. „Der Hund mag doch gar nicht raus! Guck, schon an der nächsten Ecke kehrt er um und will zurück!" Klar, was treibt ihn denn raus? Das Geschäft, ja! Und noch? Herrchen/Frauchen will ja auch nicht raus! Das spürt das Tier ganz deutlich und deshalb hat es meist keine große Lust und oft ist die Zeit des Spaziergangs die wenige Zeit, in der man sich noch richtig mit dem anderen Lebewesen beschäftigt, oder? Bei Jimmy, der schon nicht gerade als aktivster Hund auf die Welt gekommen ist, war es nun so, denn: Seit der Kastration hat er zusätzlich die Lust am

Schnüffeln verloren. Der ‚Wettstreit' mit anderen Rüden macht weniger Spaß und keinen Sinn, wenn man erstens nicht mehr so stark riecht wie die anderen und zweitens ja kein richtiger Rüde mehr ist! Und das ist **jedem** Rüden bewusst! Man(n) muss sich das nur mal am eigenen Leib vorstellen, was bei einer ‚**Kastration**' eigentlich passiert! Wie spricht man über die sogenannten Eunuchen, wie abfällig machen bereits die Kinder Witze über sogenannte ‚impotente Laschis'. Und wenn der Vierbeiner dann sowieso schon eher ruhig ist und nicht gerade von Natur aus den ‚harten Hund' hervorkehrt, dann kann ein solcher Eingriff ein gewaltiges Desaster anrichten.

Und sollte dieses Desaster bereits angerichtet worden sein - aus welchen Gründen auch immer, manchmal ist es ja medizinisch notwendig -, dann sollten wir bitte Verständnis für das Tier aufbringen UND: Das Leben danach erst recht lebendig und aufregend gestalten! Sonst können die Tiere in eben dieses Schema fallen, in welches Jimmy gefallen war! Lustlos, traurig, phlegmatisch. Warum auch nicht?

Um die Gefühlslage besser nachvollziehen zu können, möchte ich Sie in der folgenden Erzählung der Einfachheit halber mit „du" ansprechen. Sie mögen mir das verzeihen.

Stelle Dir mal vor, du bist ein Hund! Ok, als Welpe bist du supersüß - egal welche Rasse, du tippelst nur so herum, alle freuen sich und du darfst - vom Rudel geschützt - alles tun, wonach dir ist! Sorgen hast du sowieso keine - welche denn?

Die Verantwortung kommt ja erst später! Aber - wie das in Deinem Hundeleben nun einmal ist: Sie kommt! Im Hunderudel findest du Deine Aufgabe schnell - als heranwachsender Rüde, der schnell die Scheu vor den Alten ablegt, sehen die anderen Rüden einen Konkurrenten und die ersten kleinen Keilereien um Macht und Stellung beginnen. Na ja, du kannst noch nicht mithalten, klar. Aber bald schon! Aber halt, nein - du darfst ja nicht in ‚deinem' Rudel bleiben - wirst von Menschen, die dich in guter Absicht und in der Hoffnung, dass du ein Teil deren Rudel wirst, abgeholt. Na, wenn sich die schon um dich kümmern – dann integrierst du dich und willst zum Rudelleben natürlich etwas beitragen. Leider aber **liegt es in Deiner Natur,** nach Alpha[14] zu streben. Du probierst erst mal, eins der Kinder zu unterwerfen. Spielerisch fast, die legen sich ja noch von selbst auf den Boden, bist du ihnen über. Den ‚Kampf' hättest du gewonnen. Und jetzt? Mal ein kleiner Überbiss bei Frauchen, hat sie nicht mal gemerkt! Und wenn nach dem Spaziergang die Türe aufgeht, bist du der erste im Haus! Super! Herrchen muss da schon härter fühlen! Er bekommt beim Spielen einen Biss in die Wade ab, klar - er wollte das Stöckchen nicht mehr hergeben. Aua - das setzt jetzt aber einen Hieb und lautes Schimpfen. Okay, er ist der Alpha-‚Hund', das akzeptierst du schnell. Im Laufe der Zeit wird dir dann doch beigebracht, dass Frauchen und die Kinder

---

[14] Natürlich ist hier nicht der Alpha-Zustand gemeint, sondern die Alpha-Stellung im Rudel, sprich der Rudelsführer.

über dir stehen. Gut. Du bist nur einer im Rudel. Welche Aufgabe übernimmst du jetzt? Ja, natürlich! Das Rudel beschützen! Jeder, aber auch JEDER, der sich dem Rudel bzw. dem eigenen Territorium nähert, wird verbellt, angeknurrt und notfalls verbissen. Das wiederum wird dir vom Alpha-Herrchen komplett verboten. Also, das ist ebenfalls nichts für dich! Na ja - aber in der Nachbarschaft wohnt ja noch die flotte Bella, die ist gerade läufig und rieeeecht soooo gut! Frauchen hat für einen Moment die Türe offen und schon bist du unterwegs zu ihr. Die anderen Rüden schickst du schnell in die Wüste, vor allem der vorwitzige kleine Dackel ist hartnäckig, aber auch **den** Mitbuhler wirst du los! Und tatsächlich - sie kommt! Und sie ist nicht angeleint. Nichts wie ran, sie mag dich scheinbar genauso.

Und da? Gerade jetzt kommt ausgerechnet Herrchen und holt dich heim. Und was passiert nun? „Er bringt mich zum Tierarzt! Ich fühle mich doch gesund! Was soll das? Eine Spritze? Aabber iiich brrrrauuuuch ... schnarch... !"

Als du **alleine, weit weg vom Rudel** aufwachst, bist du ganz benommen, du fühlst dich schlapp und irgendwie verändert. Nachdem du dich aufgerafft hast, merkst du Schmerzen zwischen den Beinen. Was ist das? Irgendwas ist anders!!! Warum fühlst du dich so komisch? Ja, richtig! Die Erkenntnis kommt später - sie haben dir die Fortpflanzungsorgane genommen/zerstört. Au Mann - **was soll jetzt werden?**

Klar, Bella riecht immer noch gut, aber irgendetwas fehlt. Es regt nicht mehr so an wie noch zuvor! Es ist nur noch angenehm, den Duft die Nase hochziehen zu lassen - aber mehr nicht! Du hast gar nichts mehr, riechst ja selbst bald mehr nach Weibchen als nach Rüde! Eine Rolle kannst du im Rudel nicht spielen, weil die Menschen das Sagen haben. Als Wachhund bist du zu gut gewesen – dieser Beitrag darf folglich nicht mehr geleistet werden. Und jetzt haben sie dir noch den Geschlechtstrieb genommen. Der Spaziergang hat nicht nur dadurch an Reiz verloren, sondern auch, weil eigentlich keiner mehr gehen will. Anfangs, da haben sie gestritten, wer dich führen darf und die ganze Familie wollte dabei sein. Die Kinder sprangen herum, warfen Stöcke und Bälle für dich und du hattest deinen Spaß. Jetzt fällt jedem nur noch auf, dass es regnet, kalt ist, heute was schönes im Fernsehen kommt und/oder irgendwie die Lust fehlt. Plötzlich machen sogar die Kinder zur Spazier-Zeit **gerne** Hausaufgaben. Na ja bitte - wo sollst DU denn dann die Lust herbekommen??? Für die dringenden Geschäfte reicht doch ein kurzer Gang über die Strasse - der Nachbar wird's schon nicht merken! Und, zuhause geh bitte weg, „jetzt nicht"; „Schon wieder liegt der Hund im Weg" etc. Und dazu kommt, dass du (automatisch) älter wirst, das bringt zusätzlich ‚mehr Ruhe'.

Tja, so ein Hundeleben möchte man dann vielleicht doch nicht haben, oder? Aber selbst jetzt - was sehen Deine Halter? „Hat der Hund es gut - 15-18 Stunden am Tag schlafen, Futter serviert bekommen" (wenn du eine Katze oder ähnliches **jagen** wolltest, haben sie das ja verboten!) „und dann noch kurz spazieren gehen - arbeiten muss er nichts! **Was für ein Leben!**"

Ob wir mit solchen Aussagen unseren Vierbeinern nicht evtl. Unrecht tun? Sollten wir darüber nachdenken, oder was meinst du? Welche Aufgaben können wir unseren Hunden geben? Wie können wir ihnen das Leben angenehmer gestalten?

Wir können zum Beispiel das Bewachen des eigenen Grundes bzw. des Rudels zur Aufgabe machen! Jedoch muss der neue Hüter eben erst **lernen, wie** er das tun kann. Wir könnten mit ihm auf den sogenannten Hundeplatz gehen und trainieren. Vielen Hunden macht dies Spaß, wenn man die ganze Sache als Spaß angeht und nicht gerade den Hund schnell wieder als Vorzeigeobjekt missbraucht und schlägt und böse hernimmt, wenn er mal nicht so gut ‚funktioniert'. Dies wird jedoch oft durch die berüchtigten ‚Platzler' verursacht, welche dann über andere Hunde lachen und selbst vergessen, wie viele Hunde sie haben einschläfern lassen und neue, teuere Tiere kaufen mussten, um endlich **den** Hund zu haben, der alles ganz toll macht und für den Halter viele Preise gewinnt! Aber zurück zu den Chancen für unseren treuen Begleiter: Wie wäre es zum Beispiel mit einer Ausbildung? Zum Suchhund? Zum Rettungshund? Zum Familienhund? Zum Wachhund? Und: vielleicht ist es sogar möglich, aus der Einsamkeit des

Vierbeiners die Zweisamkeit von 8 Beinen zu machen?[15] Hunde sind Rudeltiere und ich kann aus eigener Erfahrung sagen, dass die Entscheidung, einen zweiten Collie aufzunehmen (Eddy, sein Erfahrungsbericht folgt noch) richtig war. Unsere Jobs und das Kind haben uns sehr eingenommen, was man nicht absehen kann/will, wenn man sich einen Hund ‚anschafft'. Aber als wir begriffen, was es für Johnny bedeutet, dass die Spielstunde täglich um Minuten reduziert wurde und die letzten Spielminuten irgendwann manchmal ganz weg blieben, mussten wir handeln. Seit Eddy bei Johnny ist, muss man manchmal nur die Türe öffnen und sagen: Los geht's, raus mit euch! Und schon tollen die beiden - übrigens 2 Rüden ohne Schwierigkeiten! - miteinander herum. Der Bezug zu uns als Halter hat in keiner Weise nachgelassen, weil wir sie trotzdem im Haus haben und weiterhin in unser Leben einbeziehen. Und: Das Herumtollen im Garten kann den eigentlichen Spaziergang natürlich nicht ersetzen - und den machen wir nach Möglichkeit immer mit so vielen Rudelmitgliedern wie möglich! Auch deshalb, weil wir unseren Fernseher verbannt haben.

Wie Sie sehen konnten, ist es sehr wichtig für viele Hunde, eine Aufgabe im Leben zu haben, für etwas da zu sein.

---

[15] Wenn nicht die Gemeinde/Stadt, in der man wohnt, durch überhöhte Hundesteuer für Zweit-Hunde (auch noch mit der Begründung, der Zweithund **einer** Familie macht mehr Dreck, als der zweite Hund in der Nachbarschaft) dafür sorgen will, dass weniger Tiere angeschafft werden – wie mitbürger- und tierfreundlich!

Erfahrungsbericht Ricardo

Aber auch und gerade Pferde nehmen am Leben des Halters bzw. der Bezugsperson sehr stark teil. Dies soll die Geschichte von Ricardo zeigen. Hier wird deutlich, dass eine dauerhafte Heilung bei diesem Pferd nur dann erreicht werden konnte, wenn die Halterin ihre Einstellung zu den Pferden und speziell zu Ricardo änderte. Andererseits jedoch der Wallach die Eigenverantwortung für sein Leben übernehmen musste.

Zu diesem ,Fall' kam ich relativ unbedarft, die Ausbildung war hier noch im Gange und der Kontakt kam durch einen ,Zufall' zustande. Als ich den Pferdehof aufsuchte, auf welchem ich die Halterin, Silke, treffen sollte, war ich erstaunlich ruhig und gelassen. Was hatte ich zu verlieren? Silke wusste sofort, dass ich derjenige sein musste und irgendwie schien jeder an diesem Reithof bereits zu wissen, wer ich war. Die meisten musterten mich sehr argwöhnisch und ich hatte das Gefühl, dass alle sehr voreingenommen waren, was meine Arbeit betraf - obwohl sicher **niemand** wusste, was ich genau tun wollte. Was mich jedoch sehr stark traf, waren die deutlich spürbaren ,Hilfe-Rufe' der Pferde. Eng eingekoppelt in sehr schmale und viel zu kleine Ställen, hatten viele noch nicht einmal Fenster oder irgendwelche natürlichen Lichtquellen. Alles, was viele der Pferde hier fast den ganzen Tag hatten, war Gitter vorne, Gitter links, Gitter rechts sowie Wand hinten. Oder - wenn man sich umdrehte Gitter rechts,

Gitter links, Gitter hinten sowie Wand vorne. Für viele hatte sich hier ein unheimlich starker Stress aufgebaut. Doch leider wollten die entsprechenden Halter davon nichts wissen - war es doch eine leichte und preisgünstige Möglichkeit, das Tier **abzustellen.**

Zurück zu Ricardo. Ich lernte Silke und Ulrike, Silkes Schwester kennen. Sie redeten gleich auf mich ein, welch starke Probleme **sie mit ihm** hätten. Es war gerade wieder 2 Tage her, als der Tierarzt etwas gegen die letzte Kolik tun musste. Wir erreichten den Stall. Der Wallach war mir gegenüber erst einmal sehr misstrauisch. Seine Behausung war wohl die schönste und größte auf dem ganzen Gelände. Er konnte sich bequem hinlegen und hatte die Möglichkeit, aus einem Fenster UND bei offener Türe aus dem Scheunentor hinauszublicken. Er war damals ca. 11 Jahre alt. Rein körperlich wirkte er auf mich relativ kräftig und elegant. Energetisch gesehen jedoch erschien er eher unscheinbar und vor allem verängstigt. Er zeigte sich sehr unausgeglichen. Soweit bekannt, klärten mich die Schwestern über Ricardos Herkunft auf. Er hatte einiges durchmachen müssen, bis er hier landete und sich die Frauen seiner annahmen und sich „sofort in ihn verliebt" hatten. Die Symptome, weshalb ich hier war, waren folgende: Er koppte leidenschaftlich gerne, was jedoch durch einen eng angelegten Halsriemen verhindert wurde. Ferner hatte er seit 4 Jahren regelmäßig bis zu 4x (!) monatlich Koliken zu erleiden. Diese wurden jeweils durch den Tierarzt mit Hilfe einer Nasen-Schlund-Sonde und Medikamenten behoben. Nachdem mir die Frauen klar machten, dass Ricardo von ihnen nur „mit den Füssen voraus" wegkommen würde, durfte ich sprechen. Ich beschrieb den beiden den Energiekörper, die Meridiane und ihre Funktionen bzw. die entsprechenden Auswirkungen auf den physischen Körper. Mit Hilfe der Akupunktur als Anwendungsbeispiel einer entsprechenden ganzheitlichen Behandlungsmethode konnten sie dies verstehen. Sie wirkten sehr aufgeschlossen und ließen sich alles in Ruhe erklären, mit gesunder Skepsis aber ohne grundsätzliche Ablehnung. Wir gingen zu den Urmeridianen[16] über und Silke fungierte sofort gerne als Surrogatperson für die Stärkung der Urmeridiane des Pferdes. Sie war testbereit und wir begannen[17]. Hierdurch sollten die letzten Zweifel bei Silke und Ulrike an der Wirkung der TK ausgeräumt werden. Bereits beim ersten Urmeridian-Test gab der Muskel nach und ich stärkte die Energiebahn direkt am Tier. Dass Ricardo dies zu genießen schien, verwunderte beide nur wenig, schließlich mochte er sanfte Berührungen. Dass hinterher aber der Muskel bei Silke stark blieb, war für beide erst schwer zu verstehen.

---

[16] Urmeridiane gelten als Grundlage für das normale Meridiansystem und entsprechen sozusagen der ursprünglichen Energie des Tieres.
[17] Beim Test der Meridiane eines Tieres über Surrogatperson muss die Person nicht den Alpha-Zustand erreichen. Sie kann jederzeit als Energieüberträger fungieren. Derlei Energieübertragungen geschehen z.B. zwischen Tier und Halter pausenlos. Die Übertragung dieser Impulse erfolgte in diesem Falle durch das Berühren des Pferdes. Manchmal kann die Surrogatperson die übertragene Energie sogar deutlich spüren.

Aber: Sie konnten **spüren,** wie die Kinesiologie funktionierte. Um dieses Erlebnis zu intensivieren, ließ ich Ulrike die Punkte bei Ricardo stärken und testete gleichzeitig an Silke nach. So **erlebten** beide die Wirkung und konnten es **erfahren.** Jetzt war ich in meinem Element, überforderte beide jedoch dadurch etwas, indem ich bereits von einer Entstressung über Surrogat erzählte und dann noch mit der Hand als Sensor über den Rücken fuhr, um die Shu-Zustimmungspunkte zu erfühlen. Hier fiel vor allem eine Unterenergie der Niere auf. Auch die Meridian-Endpunkte Niere 27 an Ricardos Brust fühlten sich angespannt und hilferufend an. Um die Verwirrung der Halter jedoch nicht noch zu erhöhen, nahm ich Fell von Ricardo mit nach Hause und wollte dort in Ruhe weitertesten. Sie waren einverstanden und ich begab mich nach Hause, um ein komplettes Stressbild zu erstellen. Vorher klärten sie mich noch über die bisherige Hilfe für Ricardo auf: Schulmedizinisch wurde stets das Augenmerk darauf gelegt, die Koliken (=Symptom) einfach und rasch zu beheben. Ca. 9 Monate vor mir war eine Heilpraktikerin dort. Sie fand heraus, dass Ricardo eine Unterversorgung an Wasser habe, da bei ihrem Test die per Hand abgehobene Hautfalte ‚zu lange stehen blieb'. Daraufhin sollte das Futter stets nur mit viel Wasser gegeben werden, um Ricardo zur Flüssigkeitsaufnahme zu zwingen. Als Folge dessen hatte sich die Häufigkeit der Koliken im Schnitt vermindert, von ca. 4 pro Monat auf ca. 2-3 pro Monat. Immerhin schon ein Erfolg!

Bevor ich Ricardo an diesem ersten Tag verließ, machte ich den Halterinnen noch klar, dass ganz sicher keine schnelle Heilung möglich ist. Wenn ein Tier seit mindestens 4 Jahren mit immer wiederkehrenden Symptomen kämpft, kann ein Tierkinesiologe nicht die Urmeridiane stärken und es ist ‚alles wieder gut'. Beide verstanden dies und erzählten mir noch, dass der Rest vom Reitstall die beiden für verrückt erklärte, weil sie „den Gaul nicht einfach erlösen" sondern bei einem ‚Quacksalber' wie mir Hilfe suchten. Erstaunlich, denn keiner von denen hatte nur den Hauch einer Ahnung, wie ich arbeite... Es folgte der Test zuhause. Ich hatte ein bisschen Zeit, alles Revue passieren zu lassen und mich selbst zu ordnen. Der Test brachte an den Tag, dass die Selbstheilungskräfte schlecht waren. Ursachenunterenergie war die Niere[18]. Shu-Punkt Niere, Niere 27 an der Brust, Wasserproblem laut Heilpraktikerin, ängstliches Pferd... Es war klar, dass dem Thema Angst bzw. dem Nierenmeridian das Hauptaugenmerk galt. Wobei es vielleicht Schulmediziner gibt, die jetzt sagen: Moment mal, eine Kolik entsteht doch nicht in der Niere, sondern im Darm. Meine Antwort: Ganzheitliches Denken[9]. Dass hier eine ESA nötig war, wurde bereits am Stressbild klar, denn wir hatten Ursachenunterenergie Niere (mental, körperlich) sowie

---

[18] Die Niere zählt laut der TCM zum **Wasser**element, Emotion u.a. Angst

Überenergie Herz. Dies steht laut TCM für die Emotion Freude, Lebensfreude, etc.

Konnte aber bis dahin bereits kurzfristig oder ESA-vorbereitend geholfen werden? Der Test ergab die Bach-Blüten Cherry-Plum, Thema: konstruktives Umgehen mit Aggression – Selbstkontrolle, sowie Sweet-Chestnut, Thema: Transformation, Durchhaltevermögen. Ferner sollte der Nierenmeridian ausgestrichen, dadurch rein physisch-energetisch gestärkt werden. Dazu eine sofortige Gabe Silicea C1000 (Konstitutionsmittel) und innerhalb weniger Tage nach dieser einmaligen Gabe dann die ESA. Aufgrund der mir erscheinenden Dringlichkeit fuhr ich sofort zum Reitstall und traf dort Silke. Wir vereinbarten einen Termin für die ESA, ca. 5 Tage, nachdem sie Silicea verabreichen konnte. Geplant war, dass ich als Surrogatperson fungiere und meine Frau - ebenfalls in der Kinesiologie zuhause - die ESA als Tester durchführt. Ich wollte unbedingt selbst Surrogatperson sein, doch es sollte besser kommen! Beim Abschied sagte mir Silke noch, dass sie um den schlechten Gesamtzustand von Ricardo weiß, dass sie mir aber voll vertraut. Das gab mir Mut.

Als wir uns zum vereinbarten Termin wieder trafen, musste meine Frau aus gesundheitlichen Gründen absagen. Ich wurde mit den Worten empfangen: „Er ist schon wieder aufgegast". Wir verloren keine Zeit. Aus ‚Diskretionsgründen' zogen wir

---

[19] Betrachten wir das Stressdiagramm: Unterenergien Dickdarm (p = Kolik!), Magen (p) und Niere (p, m = Ursachenunterenergie) bei Überenergie Herz (e, m).

uns in die Reithalle zurück, welche von innen verschließbar war. Ricardo hatte 4 Tage vorher das Silicea erhalten und reagierte spürbar darauf mit erhöhter Schmusigkeit und leichter Überdrehtheit, manchmal etwas Aggressivität. Gleichzeitig wurde erheblicher Stress freigesetzt. Nochmals erläuterte ich den Schwestern das Prinzip der ESA und Ulrike gab sich den Ruck, als Surrogatperson zu fungieren. Nach allen Vortests stand diesem nichts mehr im Wege. Alle waren bereit, der Zeitpunkt optimal. Ulrike konnte sich am Solar-Plexus ihre Energie visualisieren und spüren und konnte sie nachhaltig schützen. Ich lud ihre beiden Hauptmeridiane (Zentral- und Gouverneursgefäß) auf und es konnte losgehen. Wir arbeiteten mit etwas Fell als Surrogat, Ricardo verdrückte sich in ein anderes Eck der Halle, als ginge ihn das alles überhaupt nichts an!

„Ich merke nichts, da kommt nichts rüber". Diese Aussage ist häufig die erste einer ‚neuen Surrogatperson'. Entweder es kommen tatsächlich noch keine Impulse vom Tierbewusstsein, weil noch keine energetische Resonanz vorhanden ist oder die Person traut diesen ersten Empfindungen noch nicht. Wie soll es denn in unser Glaubenssystem passen, dass wir auf einmal für ein Tier sprechen können? Ricardo wurde langsam aufmerksam und beobachtete uns argwöhnisch aus der Ferne. Nach einigen Fragen und Hilfestellungen - Ulrike schlüpfte mit einer einfachen Alpha-Übung in Ricardo hinein - empfand sie auf einmal ein Drücken am Hals. „Das kommt vom Anti-

Kopp-Riemen". Silke, die etwa 3-4 Meter entfernt stand und ich waren überrascht und wir fragten uns, ob die Aussage von Ricardo kam oder von Ulrike, denn sie erfolgte mit einer erstaunlichen Sicherheit. Es ging um den Druck im Hals. Ich fragte nach, ob Ricardo diesen Druck loswerden wollte. Nachdem Ulrike dies bejahte, fragte ich nach einer Farbe im Hals. „Das stört mich, warum muss ich das tragen? Ich will mir keine Farbe vorstellen, das ist eng und stört mich!" Silke machte den Riemen ab und das Pferd fing sofort an zu koppen. „**Das** macht mir Spaß". Als ich versuchte ihm klar zu machen, dass ihm diese Angewohnheit schadet bzw. im Endeffekt Schmerzen verursacht, erwiderte er: „Das ist mir egal, es macht mir Spaß!". Er wollte weder damit aufhören noch darüber reden. In Ordnung, es ist Ricardos (Eigen-) Verantwortung, so legte Silke den Riemen wieder an. An diesem Punkt angelangt musste ich erst mal kurz durchatmen und überlegen, welche Situation wir hatten. Ulrike war sofort mit Ricardo verbunden und übertrug seine Empfindungen, als würde ich mit dem Tier direkt sprechen. Ich sah übrigens immer Ricardo an, was diese Empfindung noch intensivierte. Ricardo suchte förmlich den Blickkontakt entweder zu mir oder zu Silke. Diese war zu diesem Zeitpunkt bereits total perplex und hörte gebannt zu. Welche Situation hatten wir aktuell erreicht? Ricardo wollte wieder koppen, wir hatten jedoch das Thema Niere/Angst/Wasser. Und der Auslöser für die Arbeit waren die Koliken. Ricardo wollte nichts für bzw.

gegen das Koppen tun. Dies schien folglich keinen Sinn zu machen. Nachdem der Halsriemen wieder angelegt wurde, empfand jedoch die Surrogatperson wieder diesen Druck im Hals, den er zwar loshaben wollte, ohne jedoch näher auf den Hintergrund einzugehen. „Wenn ich koppe dann kommen sie besonders schnell und immer zu mir!" Ob damit die aktuelle Situation gemeint war oder eine aus einem früheren ‚Besitz-Verhältnis', wurde nicht wichtig. Der Druck kam von der Enge, Ulrike beschrieb es für ihn wie ein dunkel-düsteres Blau-Schwarz und er suchte nach Freiheit. Und obwohl wir ihm diese Freiheit rein körperlich nicht bieten konnten, erzeugte er sich selbst – wenngleich etwas mürrisch - ein strahlendes Weiß (=Freiheit) im Hals, was für ihn soweit für den Moment in Ordnung war. Sein Hals wirkte tatsächlich sofort lockerer, was Silke direkt am Pferd fühlen konnte.

Ich wollte aber zur Ursachenunterenergie kommen, zur Niere. Die Niere entspricht wie erwähnt der Emotion Angst, die positive Affirmation heißt hier z.B.: ‚Ich fühle mich sicher!'

Ich bat die Surrogatperson, diesen Satz für Ricardo zu sagen. „Ich fühle mich sicher - nein Schmarrn, das stimmt nicht!" Der Kopf von Ulrike schien zu zerplatzen, wir hatten erheblichen Stress hervorgeholt! Ricardo versuchte jetzt, das Tor zu öffnen, er stand vor dem Ausgangsgatter und spielte mit den Zähnen am Schloss herum. Er wollte weg. Als ich wissen wollte, warum er sich nicht sicher fühlt, drehte er jedenfalls vom Tor ab und kam auf die Absperrung vor uns zu - als wollte er sich zwischen Ulrike und mich zwängen und sie von mir wegschieben. ‚**Es reicht**' schienen seine Augen zu sagen. Trotzdem machte er kurz vor uns kehrt. Dies wiederholte sich 3mal (!!!). Aber: er wollte uns nicht wirklich trennen, Gelegenheit dazu hätte er gehabt. Klar, es ist immer unangenehm, sich mit seinem Stress bzw. irgendwelchen unangenehmen Situationen auseinander zu setzen. Andererseits spürte er, dass er **jetzt** die Möglichkeit hatte, endlich etwas von diesem Lebensstress los zu werden. Ulrike konkretisierte ihr Unwohlsein zum Thema Angst: „Wenn Silke da ist, fühle ich mich sicher. Aber wenn sie nicht da ist, ist es nicht ok!" Diese Aussage war zuviel für Silke, sie begann zu weinen, was Ricardo sichtlich durcheinander brachte. Ulrike bekam dies nicht mit. Sie oder eigentlich Ricardo beschrieb sein aktuelles körperliches Empfinden bis hin zu diesem „Grummeln und Rumpeln im Bauch". „Wenn Silke da ist, dann ist es warm und schön im Bauch. Wenn sie weg ist, ist es leer." Ich versuchte ihm klar zu machen, dass er keine Angst davor zu haben braucht, sie könne evtl. nicht wiederkommen und sagte ihm, dass mir versichert wurde, dass er bis an sein Lebensende bei Silke bleiben dürfe. Dies ließ zwar den Druck in Ulrikes Kopf etwas nachlassen, die Worte blieben aber unverändert hart: „Trotzdem muss sie immer kommen!" Ich erklärte ihm mit der scheinbaren Vernunft eines Menschen, dass sie z.B. einmal krank werden könnte oder vielleicht Urlaub machen möchte und dann nicht jeden Tag kommen kann. „Das kann ich nicht akzeptieren!" Wir ‚diskutierten' ein bisschen und ich merkte, dass er versuchte abzulenken. Ich bat ihn sich vorzustellen, wenigstens einen Tag - mehr als das lehnte er kategorisch ab - zu erleben, an welchem Silke aus irgendeinem Grund einmal nicht kommen könnte. Er versuchte es und es war leer im Bauch. Er wollte sich aber damit beschäftigen. Wenn Silke bei ihm war, war dort Wärme vorhanden. Als ich ihn fragte, ob er diese Wärme im Bauch **selbst** herzustellen vermochte, blockte er sofort wieder ab. Er **meinte, er könne** partout **nichts selbst tun.** Aber er wollte an der Leere im Bauch etwas ändern, wollte nicht so weiterleben. Dass **er sich dafür Mühe** machen sollte, war ihm trotzdem schwer begreiflich zu machen. Jedoch nach einiger Zeit raffte er sich tatsächlich auf, diese Wärme selbst zu produzieren, sie als orange-gelb zu visualisieren. Wir hatten erreicht, dass er mindestens einen ganzen Tag durchstehen konnte, ohne dass Silke zu ihm kommen würde. Sie musste aber versprechen, ihm vorher möglichst bescheid zu sagen und ihm immer mitzuteilen, dass sie ‚gleich', oder ‚erst morgen' oder ‚heute Abend' etc. wieder kommt. Der Druck in Ulrikes Kopf war weg und die vorherige Hitze dort wurde wieder kühl. Ich fragte, ob er noch irgendetwas loswerden wollte. Er fragte mit besorgt klingender Stimme: „Warum weint sie? Was habe ich getan?" Ich versuchte ihm zu erklären, dass sie sich Sorgen um ihn macht und sich nun, da er bereit war, selbst etwas für seine Gesundheit zu tun, wieder etwas ruhiger wurde. Er ließ sich aber nicht täuschen. Ricardo ist ein sehr sensitiver Wallach, der Gefühle und Empfindungen seiner Bezugsperson genauso versteht, wie das menschliche, gesprochene Wort. Silke streichelte ihn und Ulrike wurde eher wieder unruhig. „Warum ist sie traurig? Ist das meine Schuld?" Nur um die Kraft dieser Surrogatbalance zu verdeutlichen: Silke stand zwischenzeitlich ca. 5 Meter von uns entfernt und Ulrike hatte ihr den Rücken zugekehrt. Ich versprach Ricardo, Silke ebenfalls zu entstressen - so sie das möchte - und fragte ihn, ob **er nicht ihr Kraft geben könne.** Bei diesem Gedanken entfernte sich das Pferd räumlich wieder von uns allen und über Ulrikes Lippen kam ein „ich kann das nicht, ich habe keine Kraft!" Dieses Defizit sah er vor allem in seinem Herzen, wo einfach **nichts** war. Dies ähnelte der vorherigen Leere im Bauch. Aber selbst hier konnte er sich Farben visualisieren, die ihm die Möglichkeit gaben, seine vorhandene Kraft zu vermehren und einen Teil für Silke mit zu produzieren. Sie könne diese jetzt aufnehmen, indem sie ihn am Hals streichelt und umarmt. Silke lief erwartungsfroh und gespannt auf ihn zu und er drehte sich ab und ging weg. Ich war verunsichert und hatte ein bisschen Angst, dass dies die gesamte ESA wieder in Frage stellen könnte. Doch Ricardo überlegte nicht lange, drehte eine kleine, flotte Runde, kam direkt auf Silke zu und ließ sich herzlichst umarmen. Wir alle spürten diese innige Zuneigung der beiden. Für uns vier war dies ein großartiges Erlebnis.

Ich fragte noch einmal, ob es etwas weiteres zu sagen gäbe. Ricardo bat nur noch darum, dass Reitlehrer Fred es in Zukunft unterlassen sollte, an seinen Ohren zu spielen und seine Nüstern festzuhalten. Silke erklärte später, dass Fred dies rein spielerisch tat, wollte aber versuchen, ihn davon abzubringen.

Ich bedankte mich bei Ricardo für diese ESA und wir beendeten sie. Ulrike trennte sich von ihm und konnte eine klare Grenze zwischen seiner Eigenverantwortung für sein Leben und ihrer ziehen. Und obwohl sie jetzt strahlende Augen hatte und sich sehr über die gemachte Erfahrung freute, fühlte sie sich müde. Sie war sichtbar erleichtert und froh und vor allem überzeugt davon, Ricardo sehr geholfen zu haben. Und Silke fiel auf, dass dieser entspannter wirkte. Wie als wollte er dies bestätigen, sozusagen als krönender Abschluss dieser energetischen Arbeit, ,gaste er ab'. Ehrlich gesagt, war ich nach diesem Erlebnis etwas ausgelaugt. Diese ESA hatte nicht weniger als eine volle Stunde gedauert.

Doch jetzt war Silke noch dran. Sie merkte, wie sehr es Ricardo geholfen hatte und sie bestand für die ESA darauf, dass Ulrike und Ricardo die Halle verließen.

Silke musste nicht lange nach einem Thema für die ESA suchen: „Ich bin ruhig und gelassen im Alltagsstress." Der Muskeltest zeigte den Stress an und anhand eines für sie erstellten Stressdiagramms konnten wir die entsprechende

Ursachenunterenergie feststellen: Magen[20]. Als wir begannen, wiederholte sie das Thema. An einige Alltagsprobleme erinnert, stellte sich für sie spürbar das bekannte Grummeln im Magen ein. Es wurde ihr bewusst, dass sie unzufrieden war. Unzufrieden mit sich selbst, mit Ricardo, mit vielem. Und sie hatte nicht den Mut, ihre Gefühle zu zeigen bzw. sich selbst diese einzugestehen. Sie ‚frisst es in sich rein'. Um dies abzulösen, erschaffte sie sich im Bauch eine etwas rundliche, getigerte Katze. Diese Katze symbolisierte für sie Mut. Weiter sah/fühlte sie es in ihrem Kopf düster. Um hier positive Energie zu schaffen, legte sie dort einen Rasen an. Das Grün stand für Ruhe und es beruhigte sie spürbar.

Diese ESA war nach wenig spektakulären, jedoch effektiven 35 Minuten beendet. Silke war sichtlich am Grübeln, die Impulse wurden umgehend verarbeitet. Ich verließ den Reitstall und alle Beteiligten waren entspannt und müde. Ricardos Aufgasung hatte sich ‚von selbst' gelöst.

Tage später rief Silke an und erzählte mir, dass Ricardo gerade wieder einmal mit einer Kolik kämpft. Sie hatte den Tierarzt bereits angerufen und wollte nun – wenn möglich - auch von mir Hilfe. Ich fuhr zum Reitstall, um seine Urmeridiane zu stärken. Dieselben wie beim allererersten Test im Stall waren geschwächt, nach der Stärkung dieser Meridiane kamen seine Krämpfe in größeren Zeitabständen. Die Kolik war damit

---

[20] Magen gehört in der TCM zum Element Erde, Eigenschaft: Zufriedenheit/Unzufriedenheit! Positive Affirmation: Ich bin zufrieden.

natürlich nicht behoben. Zu weit fortgeschritten war der Verlauf bereits. Auf meine Frage, wie es denn Silke gehe, antwortete sie: „Ich habe diesmal keine Magenschmerzen!". Ihre ESA zeigte bereits sehr schnell Wirkung! Bei Ricardo sah es nach einer Erstverschlimmerung aus. Anfang der Woche hatte er bereits eine leichte Kolik gehabt. Jedoch schilderte Silke, dass er als Reaktion auf die erneuten Koliken diesmal „nicht gestresst, sondern genervt" schien. Trotz allem war sie froh, dass eine Reaktion zu verzeichnen war. Es konnte ja ,nur noch besser' werden.

Weiter berichtete sie mir vom Reitlehrer Fred. Diesem hatte sie gesagt, er solle Ricardos Ohren und Nüstern nicht mehr festhalten. Er lachte Silke aus und ging zu Ricardo: „Also du, hast du gehört? Ich darf dich nicht mehr an Ohren und Nase halten, sondern nur noch am Hals!" Jedoch am selben Abend hatte Ricardo die erste Kolik nach der ESA und da fiel Silke auf, dass Fred immer die Nasenbremse bei Ricardo anlegte, damit der Tierarzt die Nasen-Schlund-Sonde einführen konnte. Diesmal sollte sich der Wallach im Gegensatz zu sonst erheblich dagegen wehren, weshalb Fred beleidigt abzog... Die Halterin selbst konnte die Nasenbremse dann ohne große Gegenwehr anlegen.

Knapp zwei Wochen später sprach ich wieder mit Silke. Ricardo hatte zwischenzeitlich die eine oder andere Aufgasung, jedoch keine ernsthafte. Außerdem bekam er „komische Eiter-Pusteln" am Rücken. Ein Zeichen des

Reinigungsprozesses, welcher in Gang gesetzt wurde. Um dies zu unterstützen, zeigte der Test eine einmalige Gabe Hepar Sulfuris C30 an. Wenige Tage später waren die Pickelchen ausgeeitert und verschwunden. Eine weitere ESA war jedoch dringend nötig. Und eine grüne Farbbestrahlung, das Grün sollte ebenfalls den Entgiftungsprozess und die Wiederherstellung des harmonischen Energieflusses unterstützen.

Wir trafen uns wieder zu einer Entstressung für Ricardo, diesmal nicht im Reitstall und nicht in Anwesenheit des Pferdes. Vorher fuhr ich jedoch kurz dort vorbei. Ricardo machte einen weitaus gefestigteren Eindruck als Wochen zuvor. Körperlich hatte er etwas abgenommen.

Bei Silke und Ulrike angekommen testete ich zuerst die Urmeridiane – und erneut schalteten dieselben wie schon 2x vorher ab. Hierfür war bereits Ulrike Surrogatperson, sie sollte wieder die Impulse übertragen. Das neue Stressdiagramm ergab ebenfalls keine großen Änderungen. Der Test zeigte Überenergie im Herzmeridian bei Unterenergie Gallenblase und Dickdarm sowie Ursachenunterenergie Niere. Wir begannen mit der ESA und Ulrike ging mit dem Wallach auf Alpha. Da wir uns laut TCM im Wasserelement befanden, bat ich Ulrike für Ricardo um folgende Aussage: „Ich bin mutig". Damit hatte er ein Problem, er konnte es nicht überzeugt aussprechen. Ich fragte, wo es zwickt und er meinte, dass im Kopf ‚etwas fehle'. Im Gegensatz zur ersten ESA war dies hier

‚ein ganz anderer Ricardo'. Er wirkte viel ruhiger, überlegter, selbstbewusster und stur, teils sogar streitsüchtig. Nach den Koliken gefragt meinte er, dass er es steuern könne, ob er eine bekommt oder nicht. Er beschrieb ein „Kribbeln im Bauch", welches sich breit macht, gleichwohl angenehm wie „komisch". Bildlich gesehen handelt es sich hierbei um Finger, welche durch ihre Bewegungen dieses Gefühl verursachen. Ich fragte etwas voreilig, was er dagegen tun könne und er versuchte, mit mir zu streiten. „Warum soll ich das? Es ist nicht sonderlich störend!" Jedoch hatte er Angst vor den Folgen (=Kolik) dieses Gefühls und so war er willens, etwas dagegen zu unternehmen. Wieder wurde ich etwas unvorsichtig. „Was brauchst du, um mit Koliken und Koppen aufzuhören?" – „Mit Koppen auch??? Das will ich nicht!" Er erklärte mir, dass sein Koppen für ihn das ist, was für Silke das Rauchen ist. Und da ich wusste, dass Silke gerne rauchte, entfernten wir uns wieder von diesem Thema. Wir kamen überein, uns auf die Koliken zu konzentrieren. Er erzählte, dass er bis zum Kribbeln im Bauch noch steuern könne, ob das ganze wieder verschwindet oder ob es zu einer richtigen Kolik kommt[21]. Sobald das Kribbeln „ins Zwicken" übergeht, gibt es kein zurück mehr. Nach Bildern im Körper gefragt, fand er eine Blockade im Kopf, die andere im Bauchraum. „Was brauchst du, um dies zu beseitigen?" – „Mut! Ich bin nur ein

---

[21] Denken wir an die Aufgasung, die entweder zu Koliken wurden, oder sich quasi ‚von selbst' auflösten!

kleines dummes Pferd, der Reitlehrer Fred, der hat Mut! So wie der durch die Ställe geht...". Mit **dieser** Aussage hatte keiner gerechnet. Ausgerechnet der ungeliebte Fred sollte als Symbol für Ricardo herhalten! Mit folgender logischen Begründung: „der zeigt als einziger richtig Mut!". Diesen Mut erschaffte sich das Pferd in Form eines relativ großen Steins mit glatter Oberfläche, leicht oval, grau gesprenkelt und setzte ihn sich „in den Kopf". Dies ging erstaunlich schnell, war Ricardo bei der ersten ESA doch noch sehr behäbig und wollte nichts selbst in die Hand nehmen. So fragte ich ihn: „Wie willst du also den Stein dorthin setzen?" – „Habe ich doch schon längst!" Danach benötigte er noch Licht. Sonnenlicht sollte vom Bauch aus seinen „ganz dunklen Körper" erhellen. Dies sollte den Mut unterstützen, Ricardo zu einem großen, mutigen Pferd zu machen. Auch hier konnte er sich sofort eine eigene kleine Sonne **in seiner Körpermitte** erschaffen, damit sie von dort aus überall in den Körper strahlen könne! Er wirkte immer souveräner und war nun überzeugt davon, keine Kolik mehr kriegen zu müssen. Ich bat ihn, an eine ihm unangenehme Situation zu denken und zu beschreiben, was er fühlte. „Vormittags ist es im Stall zu hektisch, alle sind zu laut und unruhig!" So **bemerkte er,** musste **von ihm** Ruhe ausgehen! Er ließ die Sonne über den Rand seines Körpers hinaus ausstrahlen, bis an die Wände seiner Box, um diese abzuschotten. Dies klappte gut und Ulrikes Kopf war endgültig ruhig und wirkte ausgeglichen. Als wir nach wiederum fast einer Stunde die ESA beendeten, waren alle erleichtert und davon überzeugt, dass Ricardo endlich selbst gewillt war, gesund zu sein!

Als ich Ulrike ein halbes Jahr später zufällig traf, berichtete sie mir, dass Ricardo nach dieser letzten ESA noch eine leichte Kolik hatte, dann bis zu diesem Treffen keine mehr. Es waren zwischenzeitlich gut 5 Monate vergangen, ohne dass Ricardo aufgaste.

Dies sollte aber nicht das Ende sein. Silke lief mir einige Wochen später über den Weg. Sie musste den Reitstall aufgrund einiger Differenzen mit den Stalleignern sowie ‚Kollegen' kurzfristig verlassen und in eine weit weniger schöne Umgebung gehen. Ricardo war nicht mehr so gut untergebracht, er hatte Streit mit den anderen Pferden im neuen Stall und fühlte sich unwohl. Silke war ebenfalls nicht mehr zufrieden mit dieser Lösung, hatte nicht mehr soviel Zeit und Lust für Ricardo. Was folgte war eine Kolik, die sich gewaschen hatte. Es schien nichts mehr zu helfen. Er schien sich aufgegeben zu haben. Der Tierarzt wusste keine Lösung mehr und rasierte ihm die Haare von der Halsschlagader, setzte die Todesspritze auf. Silke erzählte mir, dass sie sich hinunter legte, seinen Kopf in die Arme nahm und sagte: „Ricardo, ich will nicht, dass du mich verlässt!". Und selbst mir fiel es schwer, dies zu glauben: Er rappelte sich noch mal auf, die Mittel zum Abgasen wirkten doch noch und er konnte am Leben bleiben. Das war das letzte Mal, dass ich irgendetwas von Silke, Ulrike und Ricardo hörte. Welch lehrreiches Erlebnis für uns alle!

Aber lassen Sie uns noch mal zum Hundeleben zurückkehren. Welch unterschiedliche Charaktere diese Vierbeiner haben können, hat sicher jeder schon einmal erlebt oder davon gehört.

Erfahrungsbericht Eddy

Unser Eddy zum Beispiel gehört von Natur aus sicher zu den eher ruhigeren, zurückhaltenden Rüden. Er hat gegenüber anderen Männchen nie richtig aufgegeben, hat andererseits einen richtigen Kampf aber ganz geschickt nie aufgenommen - außer einmal mit Johnny, aber das ist sozusagen eine innerfamiliäre Geschichte. Trotzdem holten wir ihn vom Züchter als sogenannter 'Omega'-Hund. Gut, das ist der, der dort eben die unterste Nummer war. Mehr hatten wir uns dabei nicht gedacht. Wir holten ihn heim und schon beim ersten Spaziergang am nächsten Morgen musste ich feststellen, „dass mit dem Hund irgendetwas nicht stimmt". Ich ließ ihn gemeinsam mit Johnny von der Leine, weil er gut auf seinen Namen hörte und er ging gleich interessiert schnüffeln. Als er sich zu weit von uns entfernte, rief ich nach beiden. Johnny kam - wie gewohnt zurück und Eddy hörte nicht! Nachdem wir ja bis dato keinerlei Vertrauen zueinander aufbauen konnten und ich nicht wusste, wie er reagiert, rief ich gleich noch mal - allerdings bereits mit schärferem Ton. Eddy zuckte fürchterlich und zog ganz tief den Kopf nach unten. Ich erschrak und war ehrlich gesagt etwas verstört. Jedenfalls kam er keinen Zentimeter auf mich zu. Also, dachte ich mir - hol' ihn lieber, bevor er noch abhaut. Um unsere Regeln zu lernen, hat es ja noch Zeit! Er war vielleicht 20m von mir weg und ich näherte mich ihm in normalem Tempo, noch einmal rief ich ihn - vielleicht kommt er ja doch. Als Reaktion zog er nur noch mal den Kopf tiefer und erstarrte. Bei Johnny muss ich schon mal 2 Mal heftiger rufen, weil Johnny schon immer ein sehr aufgewecktes Kerlchen war, der gerne mal probiert, wie weit er gerade gehen konnte. Aber das? Ich ging weiter auf Eddy zu und war schon etwas sauer, dass ich ihn rannehmen musste. Schließlich kannte ich ihn zu diesem Zeitpunkt kaum und das ist dann sicherer. Doch als ich nur noch ca. 3m von ihm entfernt war, sprach ich in normalem Ton: „Eddy - so macht das keinen Sinn". Jetzt machte er ‚Platz', jedoch nicht normal, sondern er ging unvermittelt mit angelegten Ohren einfach nach unten. Ich nahm das Ende der Leine und wollte seine Kette fassen, da schien er ein Loch im Boden zu suchen, um sich darin zu verstecken. Er duckte sich, als würde ich ihn gleich auspeitschen wollen. Ich war zutiefst schockiert und versuchte, ihn mit Engelszungen wieder auf alle Viere zu bringen - keine Chance. Erst als ich ihn an der Leine hatte und ihn richtig zog und Johnny ihn zum Spiel aufforderte, fing er wieder an zu laufen - jedoch immer mit geducktem Kopf, eingezogenen Ohren. Frei nach dem Motto: Ich bin nicht da! Dieser Spaziergang machte keine Freude. Erst zuhause, als ich ihn mit Johnny in den Garten ließ, kam er wieder zu sich. Ganz klar: Dieser Hund musste schlimme Erfahrungen gemacht haben! Die nächsten Spaziergänge waren ähnlich. Bei jedem kleinen Ruf reagierte er überhaupt nicht, beim ersten scharfen Ton duckte er und beim nächstschärferen legte er sich auf den Boden. Alles klar - da konnte nur die Tierkinesiologie ran. Wichtig war für mich aus Neugier dabei: Was in aller Welt war diesem zarten, empfindlichen Hund passiert, dass er derart reagierte? Der Züchter, von dem wir ihn hatten, erzählte, dass Eddy für kurze Zeit bei einem anderen Züchter war, welcher ihn zur Zucht geholt hatte. Eddy hatte riesig Talent für Hundeschauen, war als Welpe mal Europameister. Drei mal habe er Hündinnen gedeckt, die Weibchen blieben jeweils ‚leer'. Dann habe die Frau des Züchters „den Hund unter Tränen zurückgebracht". Ein paar Wochen später haben wir ihn dann dort herausgeholt. Nun gut, den Züchter kannten wir, er machte auf uns keinen bösartigen Eindruck. Aber wenn eine Halterin weint, wenn sie den Hund zurückbringt, dann war er ihr ja sicher nicht egal und sie kann ihn ja nicht so schlecht behandelt haben. Oder? Was hatte diesem Hund derartige Angstzustände vermittelt? Damals fuhr ich oft zur Ausbildung nach Stuttgart und wir waren ja immer für ‚Testobjekte' dankbar. So nahm ich ihn - natürlich nur Fell von ihm - mit und erzählte der Kollegin Claudia V., dass ich da einen Hund hätte, der mal eine Entstressung nötig hat. Vielleicht, sagte ich ihr noch, könnt Ihr herausfinden, was er für Erfahrungen machte. Mehr Infos erhielten sie und Ingrid (=Testerin) damals von mir nicht. Sie begannen mit den Vortests und den Erlaubnis-Abfragen und die Entstressung begann. Erstmal kam nicht viel, alles schien soweit in Ordnung zu sein. Dann aber sah Claudia (=Surrogatperson) sich bzw. Eddy in einem dunklen Raum eingesperrt. Das war Eddy sehr unangenehm und er hatte Angst. „Warum verlangt er von mir, in den dunklen Raum zu gehen?" - Als Zaungast hatte ich sofort ein schlechtes Gewissen, obgleich ich mir nicht bewusst war, wann ich ihn mal in einen dunkeln Raum beordert hätte. „Ich habe Angst vor dunklen Räumen, ständig musste ich in diese dunkle Kiste". Die Geschichte wurde mir immer schleierhafter. Welche Kiste? Was war da passiert? Ingrid ging nicht weiter auf die Dunkelheit ein, weil der Stress von Eddy - das fühlten wir jetzt alle - auf dem Höhepunkt angekommen war. Claudia bzw. Eddy wurde extrem unruhig und wir sollten auf dem schnellsten Wege helfen, die hervorgerufene negative Erinnerung positiv verändern zu können. So suchte sich Eddy Bilder für Kraft und Ruhe, Selbstvertrauen und - ja, irgendwas fehlte noch. Er suchte nach Vertrauen, aber nicht zu sich selbst oder einem Hund - er suchte das Vertrauen zu Menschen. Zwischenzeitlich hatten wir ihn schon einige Monate und es wurde zuhause etwas besser - deshalb hatte ich gehofft, das Vertrauen wäre schon da. Aber nein - es fehlte noch! „Wo kann das Vertrauen herkommen? Wo soll es herkommen?" Ingrid wollte jede Möglichkeit suchen, Eddy zu helfen! „Er[22] soll mir Vertrauen schenken und mich nicht in den dunklen Raum zwingen." O.k., das mit dem Vertrauen kriegten wir gut hin, er schuf sich ein Bild, welches einen vertrauensvollen Lichtstrahl von mir

---

[22] Er, der aktuelle Halter, also bereits ich.

ausgehen ließ und ich versuchte, dies aktiv zuzulassen bzw. zu unterstützen. Aber das mit dem Raum? Ingrid beendete die Entstressung und wir redeten. Natürlich fragte ich Claudia nach dem dunklen Raum und ob ich damit gemeint sei. „Irgendwie sah ich dich in der Türe eines dunklen Raums oder eher einer Hütte stehen und du hast ihn hineingelockt - das hat ihm Angst gemacht!" Klar, jetzt gingen mir 1000 Lichter auf! Wir hatten immer eine Ladung Pansen in der Hühnerhütte im Garten und die durften ‚die Jungs' aus geruchstechnischen Gründen nur draußen verzehren. Deshalb bekamen sie die nur an der Hüttentür. Da ich hierfür kein Licht anschalten wollte und nur ein kleines Fenster in dem Raum war, war es dort immer dunkel. Ich habe ihnen aber die Stückchen nicht entgegengetragen, sondern sie sollten sich das schon abholen. „Eddy komm, hol' dir das Leckerchen!" habe ich ihn immer dazu zu überreden versucht. Endlich sollte er mal zu mir kommen und sich den Pansen holen. Dass das aber so böse Erinnerungen hervorruft, konnte ich nicht ahnen, gleichwohl ich immer beobachtete, dass er duckte, wenn ich zu lange gefordert hatte. Jedenfalls war mir immer noch nicht ganz klar, wo diese Angst vor der Dunkelheit und vor allem die verbundene Angst vor Menschen herkommt. Es verging einige Zeit und Eddys Verhalten wurde nach der ESA täglich zusehend besser. Er verlor diese schlimme Angst verbunden mit dem Duckverhalten. Klar, wenn ihm der Ruf zu heftig wurde, zog er immer noch die Ohren ein, was er heute noch tut. Jedoch er kommt zu uns und hat offensichtlich keine Angst mehr, geschlagen werden zu können, denn dies war ihm widerfahren. Zwischenzeitlich macht es ihm nichts mehr aus, in den Keller zu gehen oder im dunkeln Vorraum zu schlafen, wenn z.B. unser Kind im Haus mit lauter Musik rumtollen will, was Eddy und Johnny natürlich nicht mögen. Was heute für mich wunderbar ist und den Erfolg von Ingrids und Claudias Arbeit aufzeigt, ist, dass Eddy sofort die leichte Verunsicherung, die auftritt, wenn er mal für irgendetwas getadelt wird, ablegt, sobald sich die Tonlage von mir oder meiner Frau wieder ändert. Da hatte er früher noch lange gelegen oder gehockt und traute sich nicht einmal zu zucken! Heute sagt man nur „und weiter" und dann gehen die Ohren fröhlich hoch, der Schwanz kommt auf Spielhöhe und er macht einen Satz auf einen, dann auf Johnny zu und geht ganz normal wieder seinen Weg. Wir sind darüber natürlich sehr glücklich und eins ist sicher: ohne die Entstressung und intensive Arbeit von Ingrid und Claudia hätten wir diesen Hund NIEMALS so hingekriegt.

Aber da war ja noch was, diese Angst vor dunklen Räumen. Wir bekamen vom Züchter einige Unterlagen für Eddy mit, Urkunden, Welpenbewertungen sowie Zuchtnachweise. Eine Urkunde war aus Dortmund, Europameisterschaft 1996. Wir recherchierten bei Züchter, vorherigem Besitzer sowie Collie-Club. Und das Ergebnis war für uns erschreckend: Eddy, der in Bayern zuhause war, wurde in einer Hundebox zu den

Ausstellungen transportiert. Zur Erklärung für die Leser, die dies nicht kennen: Diese hier gemeinten Hundeboxen sind dunkle, kleine Autoanhänger, die meist einen kleinen Schlitz an der Seite haben und als Luxusausführung eine Lüftung. Diese Gefährte werden an die Anhängerkupplung des Autos geklemmt und von A (Heimat) nach B (Ausstellung) gefahren.

„Ja," höre ich viele Tierhalter sagen: „na und?" Ich möchte Ihnen das einmal etwas zu beschreiben versuchen:

Setzen Sie sich einmal in eine - wir müssen den Größenvergleich herstellen - sagen wir eine Kühltruhe für den Haushalt. An der Seite bringen wir einen Schlitz an, vielleicht bekommen Sie noch eine Lüftung. Dann stecken wir diese Kühltruhe an eine Anhängerkupplung und fahren mit Tempo 80-120km/h ca. 5Stunden auf der Autobahn. ‚Na ja', sagen Sie – ‚wenn ich ein Fell habe, ist es doch nicht so unbequem, oder?' Dann stecken Sie sich bitte gleichzeitig ein Hörgerät ins Ohr, welches Ihre natürliche Hörwahrnehmung um das 7-fache erhöht! Und jetzt fahren Sie mit diesem Gehör in einer dunklen Kiste in Auspuffhöhe, des eigenen sowie aller anderen, auf Deutschlands Autobahnen zu einem Ort, der Ihnen unangenehm ist. Die anderen Autos rauschen mit bis zu 220km/h und eben dem damit verbundenen Lärm im Abstand von bis zu 1m an Ihnen vorbei und um das noch zu toppen: Stellen Sie sich vor, sie wissen nicht, **was** das da draußen ist, was diesen Lärm verursacht! Jedem, der sich das nicht vorstellen kann, empfehle ich: Stellen Sie sich mal einfach nur für eine Stunde auf eine Autobahnbrücke! Oder stellen Sie sich auf den Seitenstreifen![23] Und dann machen Sie die Augen zu, denn in diesen Wägelchen ist es dunkel und sagen mir, dass **Sie als Mensch** das nicht ein bisschen unheimlich finden. Haben Sie die letzten Unebenheiten bemerkt? Natürlich haben Sie das, es hat sie ja völlig unvermittelt 5cm hochgehoben und Sie fielen hart zurück auf den Boden ihres Gefängnisses. Übrigens: Wenn Sie sich weigern, in diese Truhe zu steigen, kommt eines ihrer Familienmitglieder und packt sie schmerzhaft am Kragen und wirft Sie mit aller Kraft hinein, Deckel zu!

Vielleicht kann sich der eine oder andere jetzt in seinen Hund versetzen.[24] Aber zurück zu Eddy. Eddy wurde also in diesem Transportmittel zu Ausstellungen gefahren, aber nicht nur das. Wenn er sich weigerte, diese Kisten zu betreten, wurde er erst laut geschimpft und schließlich und endlich schmerzhaft mit beiden Händen gepackt und mit Gewalt in die Box gedrückt. Dann schnell Türe zu und ab. Und das von Menschen, denen er vertraute. Aber für diese Menschen war der Erfolg wichtig. Da war nicht wichtig, ob Eddy vielleicht gar keinen Spaß an Ausstellungen hatte, geschweige denn am Auto fahren in diesen Boxen. Hauptsache, er bringt einen Pokal und eine Urkunde. Übrigens: Im Kombi-Kofferraum fährt Eddy schon

---

[23] Hoppla, ich glaube, das ist verboten. Ich nehme diese Empfehlung natürlich hiermit zurück!

immer **sehr gerne** Auto, auch der Rücksitz ist ihm nicht unangenehm! Ich möchte über diese Menschen nicht urteilen und das Verhalten hier nicht bewerten - dies ist eine reine Darstellung von Begebenheiten aus Sicht des Hundes! Und wenn Sie dies lesen und sagen: ‚Na, so ganz emotionslos scheint er das nicht geschrieben zu haben!' Dann kommen Sie zu mir und gucken Sie in Eddys Augen! **Ganz** ist diese Erfahrung nicht weg und **ganz** wird sie vielleicht nie verschwinden. Mittlerweile jedoch kann kein Mensch mehr auf den ersten Blick feststellen, ob dieser Hund anormal oder irgendwie ‚verhaltensgestört' war/ist. Nein, jeder meint: das ist aber ein prächtiger, schöner Hund! Und er scheint zu genießen, dass er so schön und groß ist. Ja, das stimmt - es macht **ihm wieder Spaß,** zu gefallen. Um jedoch etwas richtig zu stellen: Ich habe selbst schon Zuchtschauen besucht und festgestellt, dass viele Hunde Spaß an der Selbstdarstellung und/oder an den Übungen etc. haben. Doch ist es nicht möglich, diese Angelegenheit so zu gestalten, dass es **allen Tieren** ebenfalls angenehm ist/bleibt? Oder wenn dies nicht erreicht werden kann, auf das ganze zu verzichten?

Wie Eddy und Ricardo aufzeigen, ist der Mensch meist der Schlüssel zum Glück und zur Gesundheit unserer Tiere. Um dies zu verdeutlichen und anhand eines weiteren Tieres zu bekräftigen, stelle ich Ihnen gerne noch einen Vogel vor.

---

[24] Wir bleiben jetzt einfach mal bei unseren Haustieren. Sollten wir uns Gedanken über Transporte von Schlachtvieh machen wollen, sollten wir vielleicht ein Extra-Buch damit füllen!

Erfahrungsbericht Maxi

Lassen Sie mich Ihnen die Geschichte von Maxi erzählen, einem Kakadu, der sich selbst sämtliche Federn ausriss bzw. abbiss. Und davon, dass meine Frau und ich dank Maxis Erinnerungen nachfühlen können, wie es ist, über einem unendlich weiten Urwald **frei zu fliegen.**

Adelheid, eine Bekannte von uns, erlebte bei ihren Bekannten mit, wie ein Kakadu vor sich hin litt. Er war ein typischer ‚Rupfer' (siehe Symptome oben). Ich lernte Maxi kennen, als er gerade begann, sich zusätzlich zu dem Federrupfen auch noch an einer Hautstelle genau vor dem Herzen (!!!) aufzubeißen. Höchste Alarmstufe, die Selbstzerstörung war schon weit fortgeschritten. Wir bekamen Bilder und Federn vom Vogel, nachdem ich ein kurzes Gespräch mit den Haltern hatte und ihnen erläuterte, wie die Arbeit funktionieren kann bzw. welche Möglichkeiten wir haben und welche wir nicht haben. Als ich das Bild von Maxi zum ersten Mal in die Hand nahm und in diese Augen sah, wurde ich sehr unruhig. Als ich mich ein bisschen hineinfühlte, wurde mir leicht übel und ich hatte das Bedürfnis zu weinen. Mir war klar: Hier mussten wir eine ESA durchführen.

Ich testete normal aus, was wir zu machen hätten und tatsächlich kam ‚ESA' heraus. Die weitere Behandlung braucht in diesem Fall nicht näher erläutert zu werden, denn sie wurde von den Haltern leider nicht 100%-ig durchgeführt.

Wir machten uns an die ESA. Julia nahm die Federn und ging mit Maxi auf Alpha. Als sie bereit war, nahm ich ihren Kopf in die Hände und ein unglaublicher Druck baute sich auf. Für einen kurzen Moment hatten wir beide ein Bild vor Augen, das gefühlsmäßig eine Mischung aus Lebensfreude, Freiheit, Natürlichkeit bildete und gleichzeitig schwang da Trauer, Angst und Gefangenschaft mit. Das Bild wurde später von meiner Frau im Rahmen der ESA näher beschrieben. Anfangs war es für Julia etwas schwer, die Empfindungen, Bilder und sonstigen Gefühle zu ordnen und zu übertragen. Ein bisschen, so beschrieb sie, wirkte es, als würde sich das Leben drehen. Und zwar so schnell, dass Maxi - übrigens eine Kakadu-Dame, daher in Folge ,sie˙ genannt - selbst das ganze als Außenstehende beobachtete, aber die ,Lebensbilder' weder richtig erfassen konnte, geschweige denn diese erleben oder gar hätte ordnen können. Das beunruhigte Maxi und machte ihr Angst! Es war, als würde sie ihr eigenes Leben nur als Betrachter ,leben', es fehlte die Eigenidentifikation. Jetzt war es nur verständlich, dass die Identifikation mit diesem ihr zugeteilten Körper fehlte. Klar, wenn ich meinen Körper nicht mag bzw. gar keinen Bezug dazu habe, und ich habe Frust bzw. mir ist langweilig – warum dann nicht mit dem eventuell einzigen ständig vorhandenen Spielzeug spielen?! Die Frage war: Wie etwas ändern? Denn die Bereitschaft dazu war durchaus vorhanden. Maxi erklärte, dass dies das allererste Mal in ihrem Leben sei, dass jemand ernsthaft auf dieser

Ebene Hilfe anbietet und ihr eine eigene Entscheidung in Aussicht stellt. Maxi versuchte, die vorhandenen Bilder zu verlangsamen, was nicht möglich war. „Das Leben ist zu schnell!" Diese Aussage traf mich sehr, stellen Sie sich mal vor: Sie betrachten **Ihr Leben** nur aus einer Position der Beobachtung, Sie haben das Gefühl, **Ihr Leben** läuft wie ein Karussell um Sie herum und Sie können nicht aufspringen!!! Maxi merkte bald, dass **sie** nur **ihre** Geschwindigkeit erhöhen konnte. „Ja," nach einigem Überlegen war klar, „ich will mein Leben annehmen". Gut, sie formte sich wieder in Form eines Bildes im Kopf eine helle Farbe und erhöhte damit ihre eigene Lebensgeschwindigkeit und konnte die Bilder, die sich kreisförmig um sie drehten, besser erkennen und drehte sich nun schneller mit. Jetzt wurde jedoch der Stress gewaltig! Julia spürte das bei Maxi im Solar-Plexus als Druck-Schmerz und sah dort tiefschwarze Dunkelheit.

Nach dem Aufspüren dieses Stresses ging Maxi auf eingangs erwähntes Bild ein. Sie erzählte mir von einem fast unvorstellbar zartblauen Himmel und einem riesengroßen, „grüner als grünem Urwald". Sie versuchte mir zu erläutern, wie es sich anfühlte. Frei! Ungebunden! Leicht! Unbefangen! Sie geriet ins Schwärmen. „Stell dir vor, du kannst fliegen. Stell dir vor, du startest vom Baum einfach so nach oben weg, soweit du es schaffst und **soweit wie du willst,** ein paar lockere Flügelschläge und du bist über dem Wald, guckst herab auf reines Grün und fliegst mit anderen durch die

Lüfte". Ich hatte dieses Bild in diesem Moment ebenfalls kurz vor Augen und es war wirklich einzigartig. Als ich mich so richtig mitreißen ließ und zu fühlen glaubte, wie sich ein Vogel im freien Flug fühlen muss, kam der große Schock, und ich bitte Sie, lieber Leser: **Versuchen Sie sich das vorzustellen:** Es kam folgender Satz in einer Stimmlage, wie sie nicht mehr Trauer und Verbittertheit ausdrücken konnte: „Und auf einmal wurde ich im freien Flug von einem Menschen mit einem Netz gefangen, gerade mitten im Start nach oben". Tiefe Trauer und Resignation schwang in der nächsten Aussage: „Und das war das letzte Mal, dass ich geflogen bin".

Trotz des Schocks, der mich als Folge der Klarheit dieser Bilder und aufgrund des fühlbaren Schmerzes in Maxis Gefühlswelt durchfuhr, mussten wir jetzt versuchen, dies in ein positives Bild umzuwandeln. Toll, dachte ich: wie hilfst du einem Vogel - der nichts mehr liebte, als zu fliegen - dabei, sich ein positives Bild aus diesem Erlebnis zu erschaffen? Können wir uns tatsächlich vorstellen, was das für ein unschuldiges Lebewesen zu bedeuten hat? Aber hier zeigte sich wieder mal, dass die Tiere selbst in solchen Situationen ihr Leben meist anzunehmen versuchen und **bereit sind, das beste daraus zu machen.** Eine Fähigkeit übrigens, die ich so manchem Menschen wünsche! Maxi musste ungefähr im ersten Viertel ihres Lebens stehen, hatte somit so sie gesund bleibt und kein Mensch sie umbringt noch bis zu 40 Jahre vor sich und die sollten vielleicht etwas erträglicher gestaltet werden, als stets mit diesem abgespeicherten Bild im Hinterkopf!

Da ich wusste, dass die jetzigen Halter bereit waren, Maxi – wenn sie wollte und könnte – frei fliegen zu lassen, fragte ich, wie wichtig ihr dies sei. „Das geht nicht!" – „Richtig", antwortete ich ihr, „du hast ja keine Federn!" Als müsse sie darüber nachdenken, stellte sie fest, dass ihr dazu der Antrieb fehlte, die Angst vor einem erneuten „Fang im freien Flug" war sehr groß. Ich bat sie noch mal um das „Bild des gefangen werden" und sie erläuterte es mir. Auf meine Frage hin, wie sie sich das Bild angenehmer vorstellen könnte, meinte sie, dass sie erst mal lieber im Baum sitzen bleiben würde und hinunterschreien möchte. Außerdem war es ihr wichtig, „Kollegen" zu haben. Damit waren jedoch aktuell keine anderen Vögel gemeint, sondern ihre jetzige Familie und v.a. der Vater des Clans. Da er Maxi aus dem öden kleinen Käfig geholt hatte und sich anfangs viel um sie kümmerte, war er die Hauptbezugsperson für die Vogeldame. Vor allem aber – wie sich später rausstellen sollte – weil er eben ein Mann ist. Er sollte sie beobachten und sich um sie kümmern.

Von den Haltern erfuhren wir, dass sie Maxi von Verwandten hätten, wo sie in einem kleinen, **goldenen** Käfig saß. Der Käfig stand dann noch in einem **kleinen** Zimmer, an den durchgängig **weißen** Wänden/Decke hingen keine Poster, kaum Bilder und auch sonst war kein Farbklecks zu erkennen gewesen. Aber wenigstens war der Käfig ‚golden' - na toll! Genau dies war der Grund, warum Robert und Linda sie zu sich holten und sich um sie kümmerten. Beide verspüren einen sehr starken Drang, Tieren in Not zu helfen. Andere Tiere (Katzen & Hunde) fanden ebenfalls Zuflucht bei dieser Familie.

Aber zurück zu Maxi. Die beiden sagten uns bereits vor der ESA jegliche Unterstützung für den Vogel zu und so versprach ich ihr während der ESA, dass sich Robert in Zukunft mehr um sie kümmern würde, wenn sie das bräuchte. Außerdem werde man versuchen, auf ihre Wünsche im Rahmen der Möglichkeiten mehr einzugehen. Ja, das fand sie richtig toll und sie wollte tatsächlich anfangen, ihr Federkleid zu akzeptieren. Wir haben mit dieser ersten ESA - das sagte mir Julia hinterher - nicht den gesamten Stress erreicht bzw. abgebaut, dies war für den Moment aber in Ordnung. Die Halter, die bei dieser Entstressung nicht zugegen waren, hatten zuhause mitbekommen, dass sich mit Maxi etwas veränderte. 2-3 Wochen später zeigten sich die ersten Federkiele und Maxi schien sie – wenngleich sichtlich gegen den Gewohnheits- drang ‚abbeißen' - am Leibe zu lassen. Sie bekam mittlerweile auf unseren Rat hin etwas mehr Spielsachen, so dass sie anderweitige Ablenkung hatte. Bisher kannte sie derartigen Zeitvertreib aber nicht, weshalb sie dies erst lernen musste. Am besten im Spiel mit den Haltern... Doch - und das war für uns alle sehr überraschend: Nachdem die Federn so weit gesprossen waren, dass kaum noch Haut zu sehen war, kam der große Knall: Sie biss sich alle Federn, die sie mit ihrem Schnabel erreichen konnte, wieder ab, und zwar an der untersten Stelle. Die Halter riefen entsetzt an und wir besuchten sie, um das weitere Vorgehen zu beraten. Auch wir waren geschockt und Julia bemerkte nur: „Da muss was vorgefallen sein". Als wir sie besuchten, schien Maxi beglückt, uns (wieder) zu sehen und begann einen kleinen Freudentanz. Sicher hatte sie nicht damit gerechnet, dass wir wegen des Rückfalls ein bisschen traurig waren. Und dies zeigten wir ihr. Aber sie schien die Aufmerksamkeit zu genießen und das verwunderte mich wiederum zu diesem Zeitpunkt. Also - lasst uns eine neue ESA machen, diesmal mit Robert als Surrogatperson. Er war dazu bereit und ich begann, ihm energetisch zu Schutz zu verhelfen. Das war kein Problem. Der Zeitpunkt war gut. Um vor Tieren und Kindern Ruhe zu haben, zogen wir uns zurück. Robert ging mit Maxi auf Alpha und wir begannen die ESA. Erst kam „gar nichts rüber", es schien, als wäre entweder alles in Ordnung oder die ‚Verbindung' schien nicht herstellbar. Doch ich gab nicht auf und fragte: „Maxi, wie siehst du Dein Leben jetzt? Was hat sich verändert?" - Auf einmal war Roberts Kopf schwer, pulsierend und heiß und er versuchte, etwas zu sagen, stotterte aber erst nur. „Sie kümmern sich nicht **mehr** um mich, als vorher - das hattest du versprochen". Natürlich hatte ich jetzt den Schwarzen Peter, was übrigens dazu führte, dass ich trotz schwerer Schwüre später nie mehr etwas vom Halter Versprochenes an das Tier weitergab. Mir war klar, dass sich im Bezug der Halter auf das Tier **nichts** verändert hatte. Ich fragte sie, wie sie sich fühlte. „Leer, ich glaube nicht, dass mein Leben einen Sinn hat!" Wir hatten einen Punkt erreicht, wo Robert sehr tief in Maxi hineingerutscht war. Er hatte nicht mehr ganz die Kontrolle über sich selbst! Deshalb sprach ich ihn jetzt persönlich an: „Robert, wie glaubst du, kann man Maxi jetzt helfen?" Es folgten dicke, emotionsreiche Tränen, welche an Roberts Wangen herunterliefen! Er konnte aus Maxis Augen sehen, so beschrieb er und sah alles durch einen grauen Schleier. Der Schleier machte es unmöglich für sie, ihre Umgebung so wahrzunehmen, dass sie sich ihres Lebens erfreuen könne. Als ich näher auf den Schleier einging, rutschte Robert wieder sehr tief in Maxi und verlor dabei fast die Fassung. „Es geht nicht, nichts geht, keiner kümmert sich so um mich, wie ich es brauche! Es geht nicht! Der Schleier ist zu dicht! Er kümmert sich zu wenig, sie kümmert sich zu wenig! Alles ist sinnlos!" Eine derart dramatische Situation hatte ich NIE und NIMMER erwartet. Robert, von Beruf Metzger, gehört normalerweise (er stellt sich gerne so dar) nicht zu den Menschen, die schnell weinen können bzw. schnell die Haltung verlieren, wenn es um Trauer und andere Gefühle geht. Hier aber waren Maxi und Robert so ‚verschmolzen', dass es ihn überkam! Wieder sprach ich

Robert an - er musste sich schon aus Eigenschutz von Maxi distanzieren! „Robert, wo kommt der Schleier her?" Er kam wieder etwas zu sich und wurde gefasster. Aber die ganze Situation wurde für ihn nicht angenehmer. „Der Schleier kommt von uns! Von Linda und mir! Wir blocken ihn (Anmerkung des Autors: Die beiden konnten sich zu diesem Zeitpunkt noch nicht daran gewöhnen, den Vogel Maxi als Weibchen zu sehen und nannten sie ‚er') zu sehr - kümmern uns zu wenig, das spürt Maxi und das tut ihm weh!" Wir waren an einer Situation angekommen, wo Robert scheinbar alles egal war. Er selbst wollte aufgrund der eigenen Hilflosigkeit nur noch verzweifeln und es gelang ihm nur sehr, sehr schwer, Maxi zu helfen, ein Bild zu schaffen, welches diesen Schleier verschwinden ließ und Roberts Freude, seine Fürsorge und Zuneigung zu Maxi als Bild eines gelben Strahls zu ihr durchscheinen zu lassen. Maxi schien dies tatsächlich anzunehmen und langsam aber sicher wurde der Kopf ruhiger. Das ganze dauerte fast anderthalb Stunden! Als wir endeten, fing Robert an zu weinen, diesmal waren es jedoch SEINE Tränen. Tränen der Sorge. Tränen der Selbsterkenntnis. Tränen der Veränderung. Tränen der Angst. Tränen der Verwunderung und des Respekts vor Maxi. Für einen Moment dachte ich: Der gibt am Ende noch seinen Beruf auf und wird Vegetarier! Dass dies im Endeffekt natürlich nicht passierte, war klar. Aber gut - wir stärkten Robert energetisch so weit es ging. Er war wie man so schön sagt: fix und fertig. Wir gingen zu den Frauen und es gab Essen. Robert nahm Maxi vom Stock und nahm sie mit. Er sprach zu ihr, streichelte sie und sagte immer wieder: „Ich werde mich mehr um dich kümmern, aber warum ausgerechnet ich?" Klar, Robert hatte den Vogel aus der Gefangenschaft befreit, hatte sich anfangs sehr viel mit dem Tier beschäftigt und er war/ist das männliche Familienoberhaupt. Der innere Zug Maxis zu Männern war unglaublich stark, und Robert war ‚der Mann' der Familie. Dieser überlegte jetzt sogar, den Vogel mit in die Arbeit zu nehmen, um ihn nicht den ganzen Tag alleine zuhause zu wissen. Gut dachten wir alle, er hat's kapiert! Und so gingen wir zufrieden nach Hause, denn die Geschichte mit Maxi schien mir abgeschlossen. Wochen später sprossen wieder Federn und mit Hilfe von Kieselerde wurden diese kräftig und glänzend. Wir hörten nichts mehr von der Familie. Bis die eingangs erwähnte Bekannte Adelheid erzählte, dass Robert sich nicht mehr um den Vogel kümmerte und Maxi wieder alle Federn abgebissen hatte. Im Endeffekt wurde der ‚untherapierbare Vogel' an einen Züchter abgegeben. Ohne irgendwelche Vorwürfe machen zu wollen/können, zeigte mir Maxi, dass es auf Dauer bei psychischen Beschwerden bzw. Symptomen keine Heilung des Tieres ohne den entsprechenden Beitrag des Halters/der Halter geben kann. Es macht sicherlich keinen Sinn, über Schuld und Unschuld - speziell im Falle von Maxi - zu sprechen. Im gesamten Familienleben spielt nun einmal noch viel mehr eine Rolle als die Sorge um ein krankes Tier, vor allem wenn man Kinder hat, evtl. noch ein Haus baut und so weiter. Ich selbst versuche, bei Robert und Linda immer den positiven Aspekt des guten Willens in den Vordergrund zu stellen: Sie haben es versucht – (vielleicht) alles ihnen mögliche getan. Aber wahrscheinlich ihre eigene Situation unterschätzt (wem ist das noch nicht passiert?) und dann in Hilflosigkeit den Vogel wieder abgegeben. An einen Züchter. In der Hoffnung auf Besserung.

Freiheit von Vögeln

Lieber würde ich mich hier ausgiebig damit befassen, wie Maxi überhaupt in diese Situation kommen konnte. Denken wir zurück an die Freiheit, die Maxi genossen hatte. Denken wir - und vielleicht konnten viele kurz die Augen schließen und das Bild selbst sehen - an den FREIEN Flug über dem Urwald eines Vogels, der GANZ SICHER NIEMALS erst noch flügge war, wie es gemäss ,Fangvorschriften' definiert ist. Maxi war bereits ausgewachsen und flog im Schwarm mit. Maxi war sicher nicht auf die ,feine Art' gefangen worden. Und jetzt, nachdem Sie lesen durften, wie sehr ein Kakadu fühlt, denkt und lebt, stellen Sie sich kurz den Transport vor. Achtung: Wenn Sie ein emotionaler Mensch sind, schützen Sie Ihre Energie! Freier Flug! Kescher, ab in eine kleine Box, die Flügel irgendwo im Holzgitter verbogen, schnellen Schrittes ab auf einen Wagen der wackelig aus dem Urwald heraus fährt, viele andere Vögel in ebenso kleinen Käfigen nebenan, alle kreischen und haben Angst. Alle wollen - wie es der natürliche Drang (=Fluchtinstinkt) verlangt - wegfliegen, nur weg von hier. Dann, nach heftigem Geschaukel, wird es dunkel. Keiner weiß, wie lange und keiner weiß, was ist. Aber Gott sei Dank hat Mutter Natur den Vögeln die Gabe gegeben, im Dunkeln weitgehend abzuschalten und sich der Dunkelheit hinzugeben. Irgendwann geht es dann heraus aus der Dunkelheit. Mindestens 1 Woche ist seit der Gefangennahme

117

vergangen und ein paar der ‚Genossen' sind vor Schreck zwischenzeitlich gestorben. Hinein in einen anderen Käfig, der ist komplett aus Metall. Ab zu anderen Vögeln in eine Voliere, die gerade mal so groß ist, dass man sich in Ruhe umdrehen kann und es gibt endlich wieder was zu fressen bzw. Wasser. Keine gesunde Nahrung mehr, sondern Dosenfrüchte und ein paar Körner. Irgendwann kommt dann einer mit dem Kescher und fängt irgendjemanden heraus. Dann ‚endlich' ist Maxi dran, da will einer genau diesen Vogel haben. Und wie es sich für einen schönen weißen Vogel gehört - ab in einen kleinen goldenen Käfig. Aber klar, Kakadus wollen Kontakt - folglich gewöhnt sich das Tier an den Menschen und wird sogar zahm. Spätestens hier hört meine Vorstellungskraft auf, aber die Tiere versuchen oft genug, ihr Leben bestmöglich weiterzuleben. Der Käfig wird dadurch jedoch nicht farbiger, die Wände drumherum ebenfalls nicht und Spielzeug ist auch keins da. Na ja , wer da nicht durchdreht und nach Spielsachen bzw. Beschäftigung sucht, - da sind ja noch die Federn! - der soll mich bitte persönlich kontaktieren.

Symptombehandlung in der TK

Wie sie feststellen konnten, habe ich oft Mittel getestet, die das Symptom lindern halfen. Ich möchte nochmals darauf hinweisen, dass die in den Beispielen aufgeführten weiteren Heilungsimpulse bzw. zum Teil ‚Symptombehandlungen auf Naturbasis' alle im Rahmen der TK gelehrt worden und nach kinesiologischen/radiästhetischen Methoden als ‚optimal' ausgetestet worden sind. Ziel ist vordergründig eine aktuelle Linderung der Symptome, um dem ganzheitlich angeregten Heilungsprozess die Durchsetzung zu erleichtern.

Auf alle möglichen Impulse einzugehen, ist nicht Sinn dieses Buches und im Rahmen des Umfanges gar nicht möglich. Außerdem sind nicht alle gelernten Methoden/Möglichkeiten aufgeführt. Ferner muss ich betonen, dass all diese Dinge nicht symptombezogen bei allen ähnlichen Fällen gleich wirken (siehe ganzheitliches Denken)! Jedes Individuum benötigt seinen eigenen optimalen Heilungsimpuls, immer den eigenen Defiziten entsprechend. Klar, Antibiotika töten ab, was da nicht hingehört! Bei fast allen Individuen! Bringt es aber bei allen einen ganzheitlichen Gesundungsprozess in Gang?

Ganzheitliche Gesundheitsvorsorge

Persönlich sehe ich die ganzheitliche Gesundheitsvorsorge als am wichtigsten an. Gesundheitsvorsorge ist in unserer westlichen Kultur eine große Unbekannte. Wir „rauchen gerne", trinken feste, ernähren uns selten gesund und umgeben uns mit Schadstoffen und Umweltgiften. Viele Menschen wissen um diese schädlichen Einflüsse auf unser Leben, nehmen aber bewusst in Kauf, ihrem Körper Schaden zuzufügen. „Rauchen verursacht Krebs" las ich kürzlich auf einer Zigarettenschachtel. „Ein Bier geht noch, die Leber ist ja groß genug" hörte ich im Bekanntenkreis. „Warum sollte ich auf Fleisch verzichten? Es treffen so viele Schadstoffe auf uns ein, dass es auf die paar weiteren auch nicht ankommt!" Hier möchte ich kurz ein Beispiel anfügen, welches mir die Überzeugung gibt, den letzten Gedanken nicht zu denken. Stellen Sie sich vor, Sie sitzen auf einem Stuhl. Man bindet Sie fest und Sie müssen erdulden, was passiert. Es kommen 6 Personen auf Sie zu und jeder gibt Ihnen eine Ohrfeige. Die Erste lässt die Wange erröten, die Zweite noch mehr. Die Dritte und Vierte fühlen sich schon peitschender an, die Haut ist bereits empfindlich wegen der ersten beiden Schläge und gut durchblutet. Nach Nr. vier und fünf brummt bereits der Schädel und die Letzte Ohrfeige lässt Sie sogar eine kleine Wunde an der Lippe davontragen, nichts schlimmes, aber Sie bluten. Nun gut, man hat Sie ja festgebunden.

Nun stellen Sie sich bitte die Situation nochmals vor. Sie werden angebunden, können sich nicht wehren. Wieder kommen die 6 Personen, sie stellen Ihnen jedoch in Aussicht, auf 1-3 Ohrfeigen zu verzichten. Sagen wir: Weil Sie sich von ganzem Herzen und mit festem Willen dafür entscheiden. Meine Frage an Sie: Verzichten Sie auf 1-3 der Ohrfeigen oder sagen Sie: Na auf die 1-3 kommt's auch nicht mehr an?

Ganzheitliche Gesundheitsvorsorge bei Ihrem Haustier bedeutet ‚nicht nur' die Möglichkeit, ihr Tier gesund zu erhalten, es bedeutet auch, dass Sie sich eventuell viel Ärger, ‚Gelaufe' und Pflege sparen, mal abgesehen von finanziellen Mitteln, wenn Sie sich und ihrem Liebling den Gang als krankes Tier zum Arzt ersparen. Zu dieser Gesundheitsvorsorge gehört in erster Linie mal eine gesunde und ausgewogene Ernährung.*

Die ganzheitlichen Gesundheitsvorsorgen, welche ich durchführe, beschränken sich auf folgende Aspekte: Test des aktuellen Stressdiagramms; Test der Haltungsbedingungen; Test der Ernährung (Zusammensetzung, Menge, Stimmigkeit für das Tier etc.); Test der Stärke des Immunsystems; Test der Selbstheilungskräfte. Je nach Ergebnissen dieser einzelnen Bereiche werden entsprechende Maßnahmen oder weiterführende Tests in Absprache mit dem Halter durchgeführt. Denn sinnvoll ist diese Gesundheitsvorsorge nur dann, wenn aus den Ergebnissen entsprechend Schlüsse gezogen werden.

Beziehung Tier - Halter

Ein großer und sehr wichtiger Punkt in der Gesundheitsvorsorge sowie der Heilung bzw. der Annahme des Heilungsimpulses des Tieres ist die Einstellung bzw. Mitarbeit des Halters bzw. sein ‚Mitändern der krankheitsbedingenden Umwelt des Tieres'. Zur Erinnerung: Wir Halter sind in erster Linie die Umwelt des Tieres bzw. diejenigen, welche die Lebensumstände bestimmen. Die Heilung ist ein Prozess, der neben der eigenen Bereitschaft von Mensch und Tier dazu oft eine Veränderung im Umfeld bewirkt.

In diesem Fall zeigt sich ganz deutlich, dass einerseits das Tier natürlich eine andere Ausstrahlung und Verhaltensweise an den Tag legt, andererseits jedoch der Halter diese neue Situation annehmen muss.

Hier gibt es den Fall der aktiven Wirkung von Tier zu Halter. Eine entstresste und behandelte Katze war hernach so lebensfroh und glücklich, dass sie, wie die Halterin erläuterte, von dieser Lebensfreude viel an die zu der Zeit leicht depressive Halterin abgab. Die depressive Phase legte sich und die Halterin ist überzeugt davon gewesen, dass die Umstellung der Lebensfreude bei der Katze dabei half.

Aber am besten ist es, wir Halter helfen in erster Linie unseren Tieren. Wie Anna dies tat.

Anna, eine Bekannte von uns, hatte eine Häsin bekommen. Sie erzählte mir, dass das Tier sehr verunsichert war, als sie es bekam, und dass der Nager sehr zurückhaltend und extrem scheu war. Durch viel Liebe und Zuneigung hatte Anna es geschafft, das Vertrauen des Vierbeiners zu gewinnen und Sicherheit und Lebensfreude zu vermitteln. Nachdem sich eine normale Lebensmöglichkeit für den Hasen ergab, fing er an, ebenso „normale" Verhaltensmuster zu entwickeln, die Annas Freund Toni nicht unbedingt sehr lieb waren. Das Tier begann nämlich zunehmend, seine Nagezähne an Kabeln, Möbeln etc. auszuprobieren. „Als er noch so scheu war, hat er das nicht gemacht, seit er mehr Selbstvertrauen hat, tut er so was". Diese Feststellung klang wie eine Klage bzw. ein Vorwurf. Doch zeigt sich genau hier vorher angesprochene neue Situation. Durch die ‚Heilung ihres Gemütszustandes' wirkt die Häsin natürlich anders auf die Umwelt und lebt endlich so, wie sie es möchte bzw. es für Nager ‚normal' ist. Die veränderte Situation bzw. der neue Mut des Nagetiers wirkt in der Form auf die Umgebung, dass die vorher unterdrückten Verhaltensmuster nun zum Vorschein kamen.

Hier hieß es jetzt für den/die Halter Anna und Toni: Mit der neuen Situation umgehen und lernen, die Bedürfnisse des Tiers in die eigene Umgebung einzubauen. Sicher ist das mit dem Umstand verbunden, Kabel zu verstecken und gegebenenfalls Möbel um- bzw. wegzuräumen, oder eben einfach das Tier nur noch unter Aufsicht laufen zu lassen.

Aber wäre der Nager unvorbelastet zu Anna gekommen, hätte er es von Anfang an getan und es wäre nicht negativ aufgefallen, dass er es ‚auf einmal' tut.

Hier soll noch erwähnt sein, dass beide dies verstanden und sich dementsprechend verhielten. Das Tier konnte sich ‚frei entwickeln'.

Was ich damit klar machen möchte: Wenn man vor allem bei psychischen oder psychosomatischen Problemen Hilfe sucht, muss man damit rechnen, dass auch die ‚schönen Seiten' dieser Problematik verschwinden können und Verhaltensweisen auftreten können, bei denen der Halter ‚mitspielen' muss. Hätte Anna so reagiert, wie die Vorbesitzer, nämlich mit lautem Schimpfen und sogar mit Schlägen (!!!), dann hätte die Häsin sicher nicht angefangen, Kabel und sonstiges anzuknabbern, doch dann wäre sie scheu, unnahbar bzw. ängstlich geblieben. Anna machte klar, dass ihr die neue Situation lieber ist.

Sterbebegleitung

Eines der wunderbarsten Instrumente unserer Tierkinesiologie ist die Sterbebegleitung für Tier und Halter. „Wunderbar?" - höre ich Sie sagen! Ja, wunderbar! Aber lassen Sie mich hierfür ein bisschen ausholen.

Was bedeutet Sterben für uns? Sterben, davor haben viele Menschen Angst! Wir wissen nicht, was uns erwartet und das beunruhigt uns. Ein schlechtes Gewissen macht sich immer breit, wenn wir daran denken. Außerdem haben wir uns ja so an unser materielles Leben gewöhnt, dass wir es eigentlich gar nicht loslassen wollen. Die vielen Kontakte, der ,Besitz' und natürlich die Ungewissheit, was da kommt - wenn was kommt, machen es uns natürlich schwer.

Sehen wir uns kurz der Glauben an. Die Menschen, die an die Reinkarnation glauben, gehen davon aus, dass die Seele (individuelles Bewusstsein) mit dem Körper verbunden ist. Nach dem Tod geht diese in eine andere Existenz über, um irgendwann wieder zu inkarnieren, solange der Lernprozess läuft. Das Christentum geht von der Erlösung nach dem Tod aus. Die Seele steigt in den Himmel auf und wird befreit. In beiden Fällen bleiben die sterblichen Überreste zurück und vermodern. Sicher gibt es noch weitere Variationen des Glaubens, jedoch ist dies kein Religionsbuch.

Wieder andere Menschen gehen davon aus, dass nach dem Tod ,nichts' ist. Alles ist vorbei und das war's, „kann mir doch egal sein, ich krieg davon ja nichts mehr mit!". Für diese Menschen macht die Sterbebegleitung, wie wir sie praktizieren, sicher wenig Sinn.

Wir gehen in der Sterbebegleitung von einem Ablösungsprozess der Seele (=feinstoffliche Energie) vom Körper (=grobstoffliche Energie) aus. Dieser Ablösungsprozess wird in Sterbephase 1 eingeleitet bzw. beschlossen. Wenn ein Tier entweder altersbedingt oder aufgrund einer fortgeschrittenen Erkrankung nicht mehr heilbar ist, beginnt der Sterbeprozess. Sterben heißt, dass die feinstoffliche Energie, die sich vom Körper löst, stärker und ausweitender wird, der grobstoffliche Körper jedoch kleiner wird, sozusagen schrumpft. Dies ist bei einem länger andauernden Sterben durchaus zu beobachten. Die einzige Sterbephase, auf die ich noch näher eingehen möchte, ist Sterbephase 3. Hier geht das Element Wasser in Feuer über. Jeder kennt sicherlich die Reaktion, wenn wir Wasser in Feuer gießen. Es gibt eine riesige Wasserdampfwolke, Energie wird frei. Viel Energie. Und ähnlich muss man sich vorstellen, wenn das Körperelement Wasser in das Element Feuer übergeht. Es wird auf physischer Ebene erhebliche Energie freigesetzt. D.h., es kommt zu Reaktionen, die viele Menschen falsch verstehen und deshalb ist es so wichtig, diese Phase zu kennen. Denn scheinbar plötzlich kehren die Lebensgeister zurück. Dr. Rosina Sonnenschmidt erzählte uns einst von einer Person, die vom Krankenbett aufstand, um eine Bergtour zu machen. Manche Menschen steigen noch mal in ihr Auto, in den Zug oder das Taxi, um jemanden zu besuchen oder etwas zu begleichen. Meist kehren sie dann zurück und es geht ihnen schlechter als vorher. Ein Tierhalter wird diese Phase natürlich ganz anders interpretieren. ‚Spontanheilung', „Er wird doch wieder" oder ähnlich. Dies setzt nochmals Hoffnungen frei, gegebenenfalls wird die Bindung nochmals verstärkt, weil man das Tier doch noch nicht aufgibt und wieder etwas mehr klammert. Dies ist wichtig zu wissen. In dieser Phase werden vom Sterbenden noch unerledigte Dinge erledigt, wird sich vielleicht noch mal vom Halter oder gar vom Nachbarshund, der Nachbarskatze oder einem anderen Menschen verabschiedet.

Für den Sterbeprozess möchte ich einen letzten Erfahrungsbericht anfügen, der Ihnen zeigen soll, wie die Sterbebegleitung aussehen kann. Wie jedoch die gesamte tierkinesiologische Arbeit ist auch dies ein ganz individueller Vorgang.

Erfahrungsbericht Musch

Durch ein Infoblatt, welches ich nach der Ausbildung herausgab, wurde eine junge Dame namens Müller aus Bamberg auf mich aufmerksam. Sie rief mich an, weil ihr Nymphensittich schwer erkrankt war. Sie wollte, dass ich ihn testete. Sie sendete mir Federn und ich wollte mich hineinfühlen. Doch irgendetwas blockierte das Ganze. Wir telefonierten sehr lange und sie erzählte mir, dass die Tierärztin derzeit den kleinen Vogel mit einer Dauer-Antibiotikum-Gabe behandelte. Diese sah so aus: Der Sittich musste jeden Abend zur Veterinärin gefahren werden, wurde von der dieser aus dem Käfig geholt, auf den Rücken gedreht und das Mittel per Spritze injiziert. Dass dies für einen derart empfindsamen und stressanfälligen Vogel kein Vergnügen ist, kann sich jeder vorstellen. Dass eine Antibiotikum-Gabe bei einem Vogel über 10 (!!!) Tage hinweg natürlich die Darmflora komplett über den Haufen wirft, dürfte ebenfalls für uns alle nachvollziehbar sein. Ferner ‚verbot' die Ärztin der Halterin, parallel mit meiner Hilfe zu arbeiten, weshalb diese entschied, abzuwarten. So beschränkte ich meine Arbeit darauf, der Halterin telefonisch Kraft zu senden und sie auf diese Art und Weise mit der Sterbebegleitung und deren Wirkung vertraut zu machen. Als wir eines Tages wieder telefonierten, berichtete sie mir, dass der Vogel letztes Wochenende langsam aber unaufhaltsam starb. Sie wusste an diesem Tag, dass es soweit war und war bei ihrem Tier.

7 Stunden lang hielt sie ihn, streichelte ihn und sang für ihn. Sie ließ sanfte Musik spielen und der Vogel konnte langsam aber sicher, in Ruhe gehen. Sie bedankte sich bei mir für die Hilfe. Dafür, dass ich ihr zuhörte und dafür, dass ich ihren Schmerz und ihre Trauer verstand und akzeptierte. Für mich

war das selbstverständlich, für sie aufgrund vieler Erfahrungen mit Tierärztin und Freunden/Bekannten nicht.

Zwei bis drei Wochen später erhielt ich jedoch einen Anruf aus Nürnberg, ebenfalls von einer Frau Müller. Ich dachte mir nichts dabei, nur „ich komme auf Empfehlung" machte mich kurz stutzig. Frau Müller hatte eine Katze namens Musch. Musch war seit einigen Monaten schwerfällig geworden, sehr oft sehr müde und lustlos. Die klinische Diagnose war eindeutig: Der gesamte Bauchraum hatte sich mit Metastasen gefüllt, eine Heilung war unmöglich. Als ich Frau Müller zum ersten Mal besuchte, was mir für die Sterbebegleitung lieber war, zeigte sie mir die Röntgenbilder und erzählte mir von dem Schmerz, den sie empfand. Sie wollte/konnte Musch nicht loslassen. Euthanasie kam für sie überhaupt nicht in Frage, vor allem deshalb nicht, weil Musch keinerlei Schmerzen zu haben schien. Und tatsächlich: Diese Katze lebte ohne Schmerzen und ohne Pein, jedoch ganz bestimmt nur noch begrenzte Zeit. Was war aktuell passiert? Musch fraß noch, sie zog sich zwar sehr stark zurück, aber noch nicht aus dem Leben. Solange sie frisst, versucht sie, noch am Leben teil zu nehmen. Ich dachte, es wäre das sinnvollste, Musch zu entstressen. Sie sollte die Möglichkeit haben, sich frei zu fühlen, jederzeit gerne zu gehen. Die einzige Information, die hier jedoch kam war: „Solange sie mich festhält, kann ich nicht gehen!" Sicher, irgendwann ist es vorbei und der Körper ist nicht mehr lebensfähig. Aber der Ablösungsprozess, der ja entschieden und eingeleitet war, wurde durch das Klammern der Halterin beeinträchtigt. Die Seele konnte sich nicht ‚normal' vom Körper lösen. Musch selbst hatte mit dem drohenden Tod keine Probleme. Die Tiere sind generell bzw. sehr oft nicht so sehr auf dieses Leben fixiert bzw. spüren naturgemäß eher, wenn die Zeit zum Ableben gekommen ist. Es ist ein natürlicher Vorgang, wie geboren zu werden. Und die Tiere nehmen es oft leichter an als wir Menschen. Aber zurück zu Musch. Wir mussten folglich nicht bei IHR ansetzen, sondern bei Frau Müller. Ich versuchte erst, mit den Hilfsmitteln der 1. Sterbephase zu arbeiten: Ein paar Bach-Blüten für Musch - schaden ja weder Tier noch Halter -, intensive Zeit für die beiden zur eigenen Kommunikation (Ablösung akzeptieren!) sowie Farbbestrahlung für beide. Einige Zeit später bekam ich wieder einen Anruf und ich hoffte, Frau Müller würde sagen: „Musch hat es geschafft!" Aber die Mitteilung lautete: „Es sind jetzt seit Sie hier waren 10 Tage vergangen. Musch hat seither nichts mehr gefressen und zieht sich sehr zurück." Ja, Musch hat den Sterbeprozess endgültig angenommen, die ESA hatte Wirkung gezeigt. Aber 10 Tage ohne Fressen, da muss irgendetwas den Sterbevorgang blockieren. Natürlich, Frau Müller wollte/konnte Musch nicht loslassen. Vorsichtig fragte ich hiernach und sie meinte, sie wisse um ihre Verantwortung, könne aber nicht über ihren Schatten springen. Wir vereinbarten eine Entstressung für sie, Thema: „Ich lasse

Musch zu 100% los!". Wir trafen uns am 12. Tag ohne Futter für Musch und als ich sie sah, war ich erstaunt. Sie saß mit der katzenüblichen Selbstverständlichkeit unter dem Sofa und blickte mich argwöhnisch an. Das wirkte nicht, wie eine leidende, sterbende Katze. Aber bei genauem Hinsehen konnte man feststellen, dass sie physisch stark nachgelassen hatte. Dass mir dies beim Blick unter das Sofa nicht so stark vorkam lag daran, dass der feinstoffliche Körper schon stärker wurde, den grobstofflichen Körper voll umgab. Sie war dieselbe, wie vor 12 Tagen. Nur grobstofflich kleiner und dafür feinstofflich größer geworden. Wir störten sie nicht weiter. Frau Müller setzte sich und wir begannen mit der ESA für sie. Erst wollte sie das Thema gar nicht sagen. „Nein, ich will sie nicht loslassen!". Als ich ihr jedoch sagte, dass das unvermeidbar ist und sie fragte, ob sie sich vorstellen könne, in welche Situation sie Musch bringt, war sie willens, das beste für ihre Katze zu tun. D.h.: „Ich lasse Musch zu 100% los." Als sie die Augen schloss und sich auf dieses prekäre Thema einließ, wurde ihr übel. Ihr ganzer Bauch schien sich umzudrehen, alles war ein heilloses Durcheinander. Sie strebte nach Ordnung. „Was bedeutet für Sie Ordnung?" „In Ordnung ist es, wenn Musch bei mir ist!" „Und wenn sie geht?" „Dann ist nichts in Ordnung, mein Leben ist nichts wert, ich will dann auch nicht mehr leben!" Es waren 15 Minuten vergangen und Frau Müller wollte Musch noch immer nicht loslassen. Da sie mir zwischenzeitlich erzählt hatte, dass eingangs erwähnte

131

Vogelhalterin ihre Schwester ist, fragte ich, ob sie sich vorstellen könnte, welch große Hilfe ihre Schwester für ihren Vogel war. „Ja, sie war für ihren Vogel da, bis zuletzt! Und sie waren für sie da, am Telefon!" Gut, es ist wichtig, dass sie als Bezugsperson für Musch da ist. „Was wäre dem Nymphensittich passiert, hätte sie ihn nicht gehen lassen?" – Frau Müller begann zu weinen und dieses Weinen war ein erster Schritt Erkenntnis sowie eine erste Phase des Loslassens. Sie verstand, dass es ihr Ego war, welches sich an Musch klammerte und der Katze damit schadet. „Ich bringe meinen Bauch in Ordnung!" So formte sie sich nach einiger Zeit ein Symbol, welches Musch ersetzen sollte. Gleichzeitig bat sie Musch, in Kontakt mit ihr zu bleiben. Nun war der Bauch sehr schnell in Ordnung gebracht, der Kopf jedoch glühte noch. „Fühlen Sie sich jetzt gut? Sagen Sie bitte mal: Ich lasse Musch zu 100% los!" Wieder begann sie zu weinen, diesmal jedoch weit weniger emotional und dafür stärker trauernd. „Mein Herz wird schwer, es tut einfach weh. Die Trauer ist immens!" Doch hier war der Bann bald gebrochen. Sie konnte ihr Herz füllen. Sie ließ die Sonnenstrahlen in ihr Herz, die sie manchmal gemeinsam mit Musch auf ihrem Balkon genießen konnte und diese Sonnenstrahlen wollte sie für die körperliche Abwesenheit von Musch konservieren. Dies gelang ihr und der Kopf wurde sehr schnell ruhig und kühl. Es war geschafft. Sie konnte stressfrei sagen: „Ich lasse Musch zu 100% los!" Diese ESA dauerte übrigens gar nicht lange, jedoch war sie ein hartes Stück Arbeit für uns beide! Als ich Frau Müller verließ, bedankte sie sich für die Hilfe und dafür, dass ich ihr „die Augen geöffnet" habe. Jedoch habe ich niemandem die Augen geöffnet. Das hat sie selbst geschafft. Ich habe sie nur gefragt, ob sie sich vorstellen kann, was das alles für Musch bedeutet.

So hörte ich lange Zeit nichts mehr von Frau Müller. Ich war sicher, dass Musch sterben durfte und hoffte, dass die Halterin das ganze gut verkraften konnte. Ein gutes halbes Jahr später erhielt ich eine Weihnachtskarte von ihr. Sie schilderte kurz, dass Musch 2 Tage nach dieser Entstressung selig friedlich eingeschlafen war. Frau Müller war sehr dankbar dafür und konnte dies akzeptieren. Sie hat ohne Musch wieder Freude gefunden und hat den Kontakt zu ihr nicht verloren.

Sie hat sich zwischenzeitlich sicher wieder eine junge Katze ins Haus geholt.

Der Anfang ist das Ende, im Ende steckt der Anfang!

Übung zum Schutz der Solar-Plexus-Energie

Hier kommt noch die bereits versprochene Übung. Diese sollten Sie entweder sehr gewissenhaft und wie beschrieben durchführen, oder es lieber sein lassen.

Setzen Sie sich in aller Ruhe an einen ruhige Ort. Sie sollten bequem sitzen und sich wohl fühlen. Schließen Sie die Augen und konzentrieren Sie sich auf sich. Legen Sie beide Hände auf den Solar-Plexus (Energiestelle am unteren Zwerchfell-Rand) und visualisieren Sie unter ihrer Hand, genau im Energieknoten ihre Energie. Sehen Sie sich an, wie Ihre Energie aussieht. Hat sie eine Farbe? Ist sie als Symbol darstellbar? Ist sie eine Naturgegebenheit oder ein Tier? Wenn Sie sich ein Bild gefunden haben, prüfen Sie es. Ist es wirklich **Ihre eigene reine, unverfälschte, harmonisch fließende** Energie? Ist sie so, wie Sie es als perfekt bezeichnen würden? Wenn nicht, korrigieren Sie das Bild. Nehmen Sie sich Zeit, dies ist wichtig für Sie. Sobald Sie das Bild haben, genießen Sie es eine Weile. Dann suchen Sie sich ein weiteres Bild. Ein Symbol, eine Farbe, eine Person, ein Tier oder welches auch immer. Wichtig ist: Es soll für Sie jetzt diese Energie schützen. Sinngemäß soll sich der tapfere, mutige und kraftvolle Löwe (zweites Symbol) schützend vor z.B. das Seepferdchen (erstes Symbol) stellen. Oder Ihre rot-gelb-lila Energie (erstes Symbol) wird durch eine wunderschöne grün-blaue Haube (zweites Symbol) vor sämtlichen Einflüssen geschützt. Oder wie auch immer. Seien Sie kreativ! Sehen Sie **Ihr** Bild **Ihrer** Energie! Sollten Sie Schwierigkeiten haben, dieses Bild zu visualisieren bzw. es zu schützen, ist diese Übung wichtiger denn je. Aber auch wenn Sie der Meinung sind, alles ist in Ordnung, hilft Ihnen dies, es so zu belassen. Führen Sie diese Übung ruhig mehrmals durch, vor wichtigen Treffen, vor Aussprachen, vor unangenehmen Situationen, vor dem Stadtbummel, vor dem Besuch im Stadion etc. Sie werden merken, dass Sie entspannter und ausgeglichener bleiben, als wenn Sie ihre Energie nicht schützen.

Schlusswort

Zum Schluss möchte ich einen äußerst wichtigen persönlichen Hinweis an alle geben, die nach diesem Buch mit ihrem Tier tierkinesiologische Hilfe suchen: Meiner persönlichen Meinung nach sollten nur die Menschen tierkinesiologisch arbeiten, die eine fundierte Ausbildung hierzu haben[25]. Die GELERNT haben, sich auf ein Tier einzuschwingen. Die gelernt haben, das Tier zu respektieren und ihm die Eigenverantwortung zu überlassen. Die im Rahmen der Ausbildung viel eigenen Stress abbauen konnten.

Wenn Ihnen ein Kinesiologe erzählt, er kann das Sterbedatum ihres Tieres austesten oder er testet beim schlafenden Pferd direkt am Ohr des Tieres, dann überlegen Sie gut, ob Sie dazu Vertrauen haben können.

Danksagung

Als ich dieses Buch schrieb, überlegte ich lange, welche ,Fälle' ich wohl am besten hereinnehmen sollte. Ich wollte Beispiele meiner Arbeit wählen, welche Ihnen, lieber Leser, zeigen können, wie die Tierkinesiologie arbeitet. Ich wollte die Erfahrungen aufzeigen, welche leicht zu verstehen sind,

---

[25] Wie es eben die Tierkinesiologie nach Wings®-Konzept nach Dr. Rosina Sonnenschmidt zweifellos darstellt! Zu erkennen an diesem geschützten und eingetragenen Zeichen:

leicht zu lesen. Trotzdem möchte ich mich bei denen bedanken, die ebenfalls Platz hätten finden können, jedoch von mir für dieses Buch nicht ausgewählt wurden. Danke: Charly, Sammy, Lisa. Banthi, Wanda (+), Bella, Farina, Sascha, Toy, Suleika, Danger, Aton (+), Wuschel (+), Floh, Stella, Mira, Candy, Goldie, Alex, Minou, etc. etc.

Natürlich möchte ich für dieses Projekt nicht nur den Tieren danken.

Mein besonderer Dank gilt meiner Frau Julia sowie meinen Söhnen Christoph und Gabriel. Sie akzeptieren mit Geduld, dass ich oft noch abends nach dem Büro-Job arbeiten muss, um Tieren und deren Haltern, aber auch Menschen im Rahmen meiner kinesiologischen Lebensberatung zu helfen. Ein weiterer besonderer Dank gilt meiner Patentante Li. Sie hat nicht nur durch finanzielle, sondern auch geistige Unterstützung sehr dazu beigetragen, dass ich die Ausbildung zum Tierkinesiologen nach dem Wings-Konzept absolvieren konnte und dass ich das Gelernte nun anwenden darf. Auch meinen Eltern und Brüdern sowie Schwiegereltern gilt Dank. Durch kritische Fragen, Anregungen und gesunde Skepsis haben sie mich immer wieder darüber nachdenken lassen, was ich tue, wie ich es tue und warum ich es tue. Sie alle unterstützen mich, wie sie können und diese Hilfe war bei diesem Projekt unverzichtbar.

Ferner danke ich Maria Keck. Als ich über einen Tierarzt von ihr hörte bzw. ihrem Problem, dachte ich erst: „Na ja, probier's mal!" Maria hat mir immer vertraut, in der Hoffnung, für ihre Racker eine Lösung zu finden. Über 6 Monate hat die tierkinesiologische Betreuung gedauert. Als die Lösung da war und das Leben wieder harmonisch verlief, war sie diejenige, welche die Idee für dieses Buch aus der Taufe hob. Sie war von Anfang an sicher, dass die Tierkinesiologie etwas ist, was bekannt werden sollte.

Zu guter Letzt danke ich allen, die an diesem Buch, seiner Entstehung und Verbreitung aktiv wie passiv mitgewirkt haben und dies heute noch tun. Als da wären die Tiere und deren Halter, wie auch Freunde, Bekannte, Verwandte.

Literaturhinweise:

„Tierkinesiologie"

Dr. Rosina Sonnenschmidt   Sonntag Verlag 1996

„Farb- und Musikkinesiologie für Tiere"

Dr. Rosina Sonnenschmidt   Sonntag Verlag 1998

„Heilende Hände für Tiere"

Dr. Rosina Sonnenschmidt   Kosmos Verlag 1998

„Neues Heilen – Vögel"

Dr. Rosina Sonnenschmidt und M. Wagner
                              Ulmer Verlag 1995

„Kraulschule für zahme Vögel"

Dr. Rosina Sonnenschmidt und M. Wagner
                              Ulmer Verlag 1996

„Ganzheitliche Vogeltherapie mit Homöopathie und TCM"

Dr. Rosina Sonnenschmidt   Sonntag Verlag 2001

„Westliches Feng Shui für Tiere"

Harald Knauss   Gräfe und Unzer 2000

„4x7 Tropfen BACHBLÜTEN – die sanfte Heilung über die Seele"   ISBN 3-00-006600-4

Heide Krauss / Christina Krauss   Dravit-Bücher

„Hotelführer für Zwei- und Vierbeiner"
                                              ISBN 3-9805401-5-4

Maria Keck   Keck-Verlag

Internethinweise:

www.phoenixzentrum.de

www.heide-krauss.de

www.tierfreundliche-hotels.de

www.mara-tiernahrung.com

Weitere Empfehlungen:

Ausbildung Tierkinesiologie für Tierärzte –

Info unter 07221 / 30 27 27

Lebensenergie Berater Tier (LEBT) für Tierheilpraktiker, Tierhalter, Landwirte und Züchter –

Info unter 08171 / 41 87 67

*   MARA Tiernahrung GmbH
       Postfach 101
       90579 Langenzenn
       Tel. 09102 / 99 66 30
       Fax 09102 / 99 63 37

Über den Autor:

Michael Sorsche ist seit 1997 in der Kinesiologie tätig. Anfangs auf Basis „Mensch". Da er jedoch stets mit Tieren arbeiten wollte, fand er in der Ausbildung zum „Tierkinesiologen nach Wings®-Konzept" seinen Berufswunsch erfüllt und arbeitet seither mit Tier und Halter in eigener Praxis. Gemeinsam mit seiner Frau Julia gründete er im Jahr 2000 „PHOENIX – Zentrum für ganzheitliches Wohlbefinden" in Haundorf, wo er neben der Tierkinesiologie auch kinesiologische Lebensberatung in Form von Lern- und Partnerschaftsberatungen anbietet. Wenn Sie Kontakt zu ihm aufnehmen möchten, können Sie dies auf folgenden Wegen tun: per e-mail unter tierkinesiologie@phoenixzentrum.de oder tel. unter 09837/978520.

Zusammenfassung der Fußnoten:

(Kleiner Tipp: Trennen Sie die folgende Seite vorsichtig heraus und verwenden sie beim Lesen quasi als Lesezeichen. Dann haben Sie die jeweiligen Kurz-Erklärungen sofort zur Hand!)

[1] Natürlich die Erfahrung, dass ich das Gymnasium hinschmiss (wofür auch noch?) und einen kaufmännischen Weg einschlug, um halt irgend etwas zu tun! Dann, nach dieser Entscheidung, auf einmal: Du kannst doch wieder mit Tieren arbeiten! „Toll," denkt man da! „ausgeschmiert!".

[2] Eine entsprechende Übung zum Schutz dieser Energie finden Sie am Ende des Buches.

[3] lat. Anima = Seele => animal = beseelt; creatura = Geschöpf

[4] Im Uhrzeigersinn bei „12h" (HZ) beginnend: Herz, Dünndarm, Blase, Niere, Kreislauf-Sexus, 3-fach-Erwärmer, Gallenblase, Leber, Lunge, Dickdarm, Magen sowie Milz-Pankreas.

[5] Radiästhesie = Strahlenempfänglichkeit, Fähigkeit, physikalische Phänomene der Umwelt zu erspüren (von lat. Radius = Strahl; griech. Aisthesis = Wahrnehmung). Radiästhetische Hilfsmittel werden zum energetischen Test, zum Erspüren von Wasseradern, Energiegittern, Erdstrahlen etc. eingesetzt. Anwendungsbeispiele: Pendel, Rute.

[6] Jeder kennt das Sprichwort: „Dir ist wohl eine Laus über die Leber gelaufen?!"

[7] Die Surrogatperson empfängt Impulse des Tierbewusstseins. Diese werden vom Menschen sozusagen in unsere Sprache transformiert. Dass Susi eine undeutliche Stimme bekam zeigte, dass sie nun ganz deutlich Karlas „Kloß im Hals" übertrug. Das Bild manifestierte sich in Susis Hals, sie SPÜRTE den Kloß und man merkte dies durch die belegte Stimme. Susi hatte weder vor der ESA noch hinterher irgendwelche Halsprobleme oder sonstige stimmliche Schwierigkeiten. Der Beweis wurde hierdurch erbracht!

[8] Klient steht hier für Mensch oder Tier

[9] Tier, Tester und Surrogatperson bilden bei diesem Vorgang eine energetische Einheit. So ist es mir schon oft passiert, dass ich als Tester die durch die Surrogatperson übertragenen Bilder ebenso kurz sehen konnte.

[10] Denken wir an Susi/Karla und den belegten Hals bzw. die belegte Stimme!

[11] Kinder können mit Bildern noch viel mehr anfangen als Erwachsene. Sie können auch leichter Farben visualisieren, was die ESA für Kinder extrem einfach gestaltet. Wir sollten davon wieder

etwas lernen, denn das Denken und Fühlen in Bildern macht sehr viel Spaß...

[12] „Was hier ist, ist überall. Was hier nicht ist, ist nirgends!"

[13] Erinnern wir uns an Luciano!

[14] Natürlich ist hier nicht der Alpha-Zustand gemeint, sondern die Alpha-Stellung im Rudel, sprich der Rudelsführer.

[15] Wenn nicht die Gemeinde/Stadt, in der man wohnt, durch überhöhte Hundesteuer für Zweit-Hunde (auch noch mit der Begründung, der Zweithund **einer** Familie macht mehr Dreck, als der zweite Hund in der Nachbarschaft) dafür sorgen will, dass weniger Tiere angeschafft werden – wie mitbürger- und tierfreundlich!

[16] Urmeridiane gelten als Grundlage für das normale Meridiansystem und entsprechen sozusagen der ursprünglichen Energie des Tieres.

[17] Beim Test der Meridiane eines Tieres über Surrogatperson muss die Person nicht den Alpha-Zustand erreichen. Sie kann jederzeit als Energieüberträger fungieren. Derlei Energieübertragungen geschehen z.B. zwischen Tier und Halter pausenlos. Die Übertragung dieser Impulse erfolgte in diesem Falle durch das Berühren des Pferdes. Manchmal kann die Surrogatperson die übertragene Energie sogar deutlich spüren.

[18] Die Niere zählt laut der TCM zum **Wasser**element, Emotion u.a. Angst

[19] Betrachten wir das Stressdiagramm: Unterenergien Dickdarm (p = Kolik!), Magen (p) und Niere (p, m = Ursachenunterenergie) bei Überenergie Herz (e, m).

[20] Magen gehört in der TCM zum Element Erde, Eigenschaft: Zufriedenheit/Unzufriedenheit! Positive Affirmation: Ich bin zufrieden.

[21] Denken wir an die Aufgasung, die entweder zu Koliken wurden, oder sich quasi ‚von selbst' auflösten!

[22] Er, der aktuelle Halter, also bereits ich.

[23] Hoppla, ich glaube, das ist verboten. Ich nehme diese Empfehlung natürlich hiermit zurück!

[24] Wir bleiben jetzt einfach mal bei unseren Haustieren. Sollten wir uns Gedanken über Transporte von Schlachtvieh machen wollen, sollten wir vielleicht ein Extra-Buch damit füllen!

[25] Wie es eben die Tierkinesiologie nach Wings®-Konzept nach Dr. Rosina Sonnenschmidt zweifellos darstellt! Zu erkennen an diesem geschützten und eingetragenen Zeichen: